U0922635

# 中国当代民间史料集刊 7

华东师范大学中国当代史研究中心 编

# 橡胶厂党支部会议记录

本集刊出版获得东方历史学会资助

中国出版集团 東方出版中心

# 出版说明

《中国当代民间史料集刊》是一套记录 1949 年以来中国历史的资料丛书，由本中心组织编辑。这套丛书收录的是流散于社会的各种民间文献，包括日记、笔记、记录、信函、小报、表格、账册、课本等等。与已经出版的许多中国当代史资料不同，这套丛书以反映社会底层的政治、经济、文化状况和日常生活、人际交往、家庭关系、个人境遇等为内容，为读者提供记录底层历史变迁的原始资料。

相对于中国古代和近代各种民间史料，中国当代民间史料数量更大，种类更多，抢救、发掘的难度理当比前者要小得多。但实际的情况却颇不乐观。由于在相当一段时间里政治运动频发，特别是经历过文化大革命以后，许多私人记录性史料大量抄没、毁坏或遗失。而各种运动过后，尤其是改革开放初期“拨乱反正”，也曾将大量个人材料交还个人处理，或由组织代为销毁。再加上单位变动频繁，过去曾经保存在单位里的各种油印资料或个人记录材料，也不断地被处理或销毁。所有这些都使得原本应该浩如烟海、取之不尽的当代民间史料，如今竟成急需抢救的“国宝”。

近十几年来，意识到并重视当代史料搜集和抢救工作的民间人士和专业研究者，已不在少数。但十分遗憾的是，这方面的工作迄今为止仍处于一种分散游击、割据自守的状况。由于收藏者多将自己搜集到的史料藏诸深山、秘不示人，从而使得原本就显得十分稀少的民间史料愈显其缺。

历史研究,关键在史料。当代史料通常有几类,一是官方档案文献;二是口述或回忆;三是影像或录音;四就是民间记录的各种文字材料了。在所有这些史料当中,官方档案的形成、留存和开放,都难免会受到时政的极大影响,因而具有很大的片面性;口述回忆史料因时过境迁,加之当事人的主观意向和记忆误差,也极易造成对历史的误读。至于影像录音之类的史料价值,自然局限更为明显。因此,当代史料当中最大量的,也是最能够真切反映社会当时各种情况的,恰恰是这些民间史料。如今,当代中国历史的研究正方兴未艾,已有越来越多的学者和学生开始关心和研究当代历史的问题了,但因为民间史料查找不易,除极少数近水楼台者外,真正能够利用民间史料来做研究的学者和学生,还寥寥无几。

本中心成立不久,但深信应该在这方面有所建树。因而不惜大家动手,不取分文,费时费力并以极为有限的财力资源,编辑出版这样一套丛书,以利推动民间史料的整理与出版,进而逐渐打破现在史料收藏过于分散、难以利用的情况。

必须说明的是,本中心在民间史料搜集上着手较晚,故我们所推出的史料无论从面上,还是从点上,都不成系统。同时,由于整个当代史料的整理和出版工作在全国范围也都还只是处于起步阶段,无论编辑还是出版工作都还有一个摸索适应和逐渐规范的过程,因此,在许多方面都难免存在着缺失甚或不当之处。凡此种种,还有望各方读者包括原文作者及时提醒和指正。

本丛书的编辑,遵循反映历史原貌的原则,各种文献一律按照原文体例、格式、文字录入编辑。文献中的错别字以[ ]符号订正,漏字以( )符号填补,衍字以〈 〉符号注明,辨认不清的字以□符号标明,明显语句不通处用括号加注说明,当加标点而未标点处仍依原文。出于维护原始资料所有者名誉的考虑,书名隐去了单位或个人所在地名称,请读者谅解。

这套丛书由韩钢、杨奎松主编。《公私合营大中华橡胶厂党支部会议记录》原系该厂档案,现由肖安淼校对并整理。

华东师范大学中国当代史研究中心<br>2010年7月

# 目　录

# 1955年会议记录

日期：一九五五年六月十九日

时间：上午九时零分

地点：本厂三楼厂长室

主持人：刘海亭

记录：樊东智

会次：支部委员会第一次会议

出席人：刘海亭、王建常、唐风[凤]仪、杨竹筠、王利民、樊东智，列席（：）纪硕钰、李连贵（。）

会议内容：一、签订集体合同问题，二、关于本厂质量问题，三、研究不合理制（度）处理问题，四、关于干部政策问题，五、关于本厂车间划分问题。

一、集体合同：首先以党政工团及有关科室负责人组成集体合同起草小组，组长以公股厂长王建常，工会主席纪硕钰担任。

组员刘海亭、唐风[凤]仪、朱三熊、李瑞武、黄胜林、叶洪荪、赵怀燕、王利民、叶晋棋、杨绶增、郭信贤、邝书文、贺瑞棠，共计十五人组成。

二、本厂质量：是从二方面进行研（究），一方面研究本厂资本家和我们斗争方式是什么？在（另）一方面是从[搞清]工人干部存在那[哪]（些）思想问题。

资本家情况：是从本厂五个资本家思想表现及工作情况和本厂实际情况的结合进行了分析研究，主要它[他]们向我们斗争方式是从技术上来表现，如本厂第二副厂长黄胜林（是私股，主要他掌握本厂技术问题）。关于职工在操作上问题，他认为不是他的事，主要是你们公股厂长和党工团的教育问题，以关[观]望态度来看我们合营优越性。从他工作上来看，而把技术检验科控制（在）他的手里，从他所提拔技术干部来看，不是思想落后的，就是跟他接近的，我们认为提出积极同志，他就不同意，甚至闹情绪。根据此种情况，首先进行教育后，和工叶[业]局及区委统战部取得联系，来帮助进行对资本家教育，把技术检验科这个堡垒突破，来打进我们力量，准备把生产科副科长调到技术检验科之内工作。

三、通过取消回南派费、邮电费、子弟教育费，支部委员又作了分工，关于统战工作，由王建常、刘海亭来作[做]，关于布置党团员，是由支部书记来布置并进行搜集，反映掌握动态进行汇报。

四、关于保卫干（部）问题，以提拔陈吉庆为防卫保安干部。

五、关于车间划分，根据本厂实际情况，共划分二个车间，四个工段。

日期：一九五五年七月三日

时间：下午二时三十分

地点：三楼会议室

主持人：刘海亭

记录：樊东智

会次：党支部委员会第二次会议

日期：一九五五年八月八日

时间：上午八时三十分

地点：三楼厂长室

主持人：刘海亭

记录：樊东智

会次：党支委会

出席人：刘海亭、王建常、唐风[凤]仪、杨竹筠、樊东智、李连贵、王利民，列席（：）纪硕钰、区委会田部长、刘玉领。

会议内容：总结和分析开展全面节约反对浪费运动收获和存在问题。

首先党支书刘海亭同志转[传]达，根据职工揭发问题，经彻算情况共揭发了四百三十条，又分为十几项，会计科七条，供销科四十四条，劳动工资科二十条，行政科八十九条，生产计划科二十七条，技术检验科三十九条，设备维护科五十六条，人事科十条，工会六条，厂长室十一条，第一工段十八条，第二工段六十一条，第三工段四十一条，根据存在问题，送到有关科室，并提出改进措施，关于全面性问题交厂长室。

后由工会主席转[传]达工人职员在揭发问题中思想表现和讨论情况，后又由团支部书记转[传]达节约队的活动情况。

根据三位同志发言，又进行分析研究，首先肯定成绩，又找出工作上及思想教育工作上的偏向和不深不细现象，后又决定今后下一步工作，在深入的发动群众确定召(开)第二次职工动员大会，在未召开大会以前，并召开党支部大会，并报告了进行工作情况和今后如何作，后召开宣传工作会议。

日期：一九五五年八月十六日

时间：上午九时三十分

地点：三楼厂长室

主持人：刘海亭

记录：樊东智

会次：支部委员会

出席人：刘海亭、王利民、李连贵、唐风[凤]仪、樊东志，列席(:)纪硕钰，公假(:)王建常、杨竹錡。

会议内容：一、通过支部下半年计划。二、唐风[凤]仪转[传]达青年节约班组，而转向经常化工作，和团员和青年节约保证。三、节约问题及现存在的问题。四、签订集体合同问题。

一、据区委田部长指出，是从整个计划没有什么意见，主要把你活动没有明确指出应当补进去，区委会全体通过党支部工作计划。二、唐风[凤]仪转[传]达青年节约班组和节约纲等工作。计划在八月建立青年监督岗，九月份结束节约队工作，十月份建立青年班组并展开宣传。

日期：一九五五年八月廿日

时间：上午九时九分

地点：三楼厂长室

主持人：刘海亭

日期：一九五五年八月二十四日

时间：上午九时

地点：三楼

主持人：刘海亭

会次：党支委会

出席人：刘海亭、王利民、唐风[凤]仪、李连贵，列席(：)田部长□□□□，王岭、杨锡荣、薛尔缄、赵怀燕。

会议内容：① 报告群众揭发问题，审查情况。② 工会召开科长座谈会的情况及思想反映。③ 如何转身建设节段工作办法。

# 1956年会议记录

日期：一九五六年一月二日

时间：上午十一时

主持人：刘海亭

记录：樊东智

会次：一九五六年〈会〉第一次会议

出席人：刘海亭、王建常、王利民、樊东智、李连贵、季德海、胡永山、张立媛、李瑞卿、唐风[凤]仪。

会议内容：① 行政组织机构。② 几事按[安]排。③ 工资的研究。④ 党工团的组织按[安]排。

关于行政组织机构的厂长室的问题，报区委时，注明厂长室或是厂长办公室，请示上级确定。

关于私股翟志鸿正副厂长问题，提出根据由区委批示。

关于工资问题，厂长与厂长联系，因橡胶四厂把机件工资以[已]向职工公布，按大中华橡胶厂一样。

党支部组织按[安]排：总支委员九名，王建常、刘海亭、王利民、樊东智、马德海、胡云山、王风兰[芸]、李瑞卿。

党分支：第一分支21名党员，设五名委员，书记李瑞卿，副书记杨继武、刘宝忠、周元荣、刘洁玉；第二分支党员20名，设支委孙德顺（书记）、李宝贵、孙仲仁；第三分支34名党员，设委员5名，蒋桂珍、冯万有、龚玉梅、张立媛（副书记）、姚仲培（书记）；第四分支11名党员，设委员3名，书记李连生、刘根元、闫连珍；第五分支23名党员，设委员5名，刘锦忠、孙恩保、高鸿元、纪硕钰（副书记）、王风芸（书记）。工会组织按[安]排：工会筹备委员会，主任委员纪硕佳[钰]，副主任委员杨继和、杨锡荣、胡永山，秘书赵怀燕，生产委员闫连珍、苗志岭，宣传委员吴文波、杨淑贤，保险委员王庆来、戴少华，保□委员胡俊茹，女工委员霍文英，财务委员周明森，[劳动]工资田学颖。

日期：一九五六年一月八日

时间：下午二时

地点：三楼会议室

主持人：刘海亭

日期：一九五六年一月十四日

时间：上午九时三十分

地点：本厂三楼厂长室

主持人：刘海亭

记录：樊东智

出席人：刘海亭、王建常、马德海、李瑞卿、王风芸、李连贵、樊东智、王利民，外出（：）胡永山。

会议内容：首先宣布党总支及党分支，一、宣传工作；二、工资问题；三、生产问题，如何组织技术力量；四、关于资本家进厂；五、关于青年应征问题。

一、对资本主义改商叶[业]新阶段，教育并宣传共设法，并结合厂情况进行经济改组，合营并厂及赎买政策（制）定，并结合职工思想情况进行宣传，并结合本厂生产情况，对先进人、先进事宣传，结合本厂评模，加强企叶[业]主人翁教育，结合加强劳动纪律教育。

二、根据原来工资水平不动。

三、组织技术未□小组，确定第一、二、三车间，共组织两个组参加，人员是技术人员，老技术工人及有关负责人员参加。

日期：一九五六年一月十五日

时间：下午五时三十分

地点：党支部办公室

主持人：刘海亭

记录：霍文英

会次：支委扩大会

出席人：刘海亭、刘锦忠、姚增培、蒋桂珍、张立媛、李宝贵、龚玉玫、高洪元、冯万有、王风芸、马德海、刘根元、孙仲仁、孙思宝、闫连珍、李连陛。

会议内容：一、宣传党委，批准本厂党总支，建立五个分支及党总支委员和各分支委员。二、决定今后如何进行工作，和在工作上应注意的事项。

一、宣传[布]各个分支正式成立。

二、决定按期召开支部会议和今后如何进行工作，在工作中应注意事项：

1. 自从本厂合并厂以来党的工作是没有很好的跟上，群众的思想情况掌握的不多，所以在工作上发生了很多问题，因此，今后同志们在工作中要进行多研究和了解，在工作上要互相联系和互相多商量，防止独断独行，脱离实际工作。只有我们在工作互相联系，才能加强党内团结。要想增强党的团结，同志们在工作上就应该互相协调。

2. 在进行工作中，必须注意党、政、工、团的领导，干部的步调一致，注意发挥组织力量，防止自己单干。

三、1. 当前进行的工作，首先划分党的小组，并注意跟班，以便按时参加组织生活会议。

2. 对原来各厂宣传员的领导，同时要把他们也组织起来，划成小组，如果时间许可，也可以组织他们学习，以便更好的进行宣传。

3. 纪律工作，目前职工的劳动纪律很松弛，党的纪律也有些松，目前有些党员，党的会议都很少参加。另外要加强党员完成生产计划的工作。

4. 要想进行具体工作，首先要了解职工的思想情况，来进行分析研究，进行工作，重点工作应该放在第二车间。

日期：一九五六年二月廿六日

时间：上午九时零分

地点：党总支

主持人：刘海亭

记录：纪硕钰

出席人：刘海亭、孙玉顺、纪硕钰、王风芸、唐风[凤]仪、胡永山、姚曾佩、霍文英、李连贵、李瑞卿、王建常。

会议内容：1. 关于讨论56年国家计划的有关指标及要求和三月份作叶[业]的计划。2. 关于资本家排队分类问题。3. 关于文化学习问题。4. 有关职工生活问题。

1. 一车间中心要求中，3、4、6、1条，应作为中心突出的提出来。

2. 二车间7、8条不要加，提前一天维持单。

3. 三车间六、七条不要加，提前一天下维持单。

4. 关于目前生产完不成任务情况，应组织专人彻底摸清情况，分析原因，听取群众意见，三月份作叶[业]计划指标增高，但不应采用削减任务的消极措施，在尽了主观最大努力后，仍无法完成时，再做研究。

5. 分支委员会应围绕各车间技工经济定额及中心要求，分析关键，提出措施、要求，然后在党员会中贯彻，以免[便]党员在群众中起骨干作用。

日期：一九五六年三月十五日

时间：下午二时三十分

地点：厂长室

主持人：刘海亭

记录：纪硕钰

出席人：刘海亭、王建常、唐风[凤]仪、胡永山、李连贵、李瑞卿、霍文英、纪硕钰、郭信贤。

会议内容：1. 关于工资改革工作（主要是计日工，干计件活及贴海棉[绵]改件工）。2. 整顿食堂问题。3. 工人宿舍问题。4. 成立职工叶[业]余教育委员会问题。

日期：一九五六年三月二十一日

时间：下午一时三十分

地点：三楼厂长室

主持人：刘海亭

记录：樊东智

出席人：刘海亭、王利民、王风芸、胡云山、李瑞卿、王建常、李连贵、樊东智，列席(：)唐风[凤]仪、纪硕钰、霍文英，公假(：)马德海。

会议内容：一、我厂生产上如何达到 9 600 双，还采取什么措施；二、关于职工工资、福利；三、加强思想教育工作。

解决生产问题，办法：开维制单、对 2 级车间调度员会议联系和领导、召开老技术人员进行技术监督会，如解决停工待解和出勤率是能解决，后由纪硕钰转[传]达一九五六年上半年生产计划竞赛草案(关于参加竞赛之成员应本厂职工完全参加)。

第一轻工叶[业]局李子珍提：一、作叶[业]计划不结合实际；二、技术方面硫化时间应抓紧解决(缩短硫化时间)，技术科应搞出计划(包括生产计划检验)，通过计划加强联系制度；三、关于四月份规划，应当提前；四、党政工团有碰头会应当建立；五、由厂长召集科长会议进行汇报生产中情况。

通过职工文化教育委员会，王建常、马德海、纪硕钰、王风芸、薛佩文、李紧文、王德奎、李庆络、龚玉梅。

日期：一九五六年四月十日

时间：上午八时零分

地点：三楼厂长室

主持人：刘海亭

记录：樊东智

出席人：刘海亭、马德海、王利民、李瑞卿、李连贵、王风芸、樊东智、王建常，列席(：)姚增培、孙恩荣、霍文英、郭信贤，缺席(：)胡云山。

会议内容：一、研究计件工资单价；二、研究中共中央开展先进生产者运动。

一、由郭信贤谈计件单价，并根据全厂情况，确定临时计件单价，根据现在日产量来进行，平均先进定额来换算计件单价，在现在单价起码比日工工资高，但是否能超过过去老的工资是不可能，最高也就是二百四十分，如果超过问题也不会太大。新单价，缝纫上底、贴海棉[绵]、上包关，沿条及贴海棉[绵]，是否合并尚未确定。

二、开展先进生产者运动:(一)首先训练干部,要求干部了解它的意义和要知道先进生产者条件;(二)训练组长;(三)欢迎薛佩文、闫家熊[雄]参加这项会议的召开,在[再]结合我厂检查质量来揭发问题。

日期:一九五六年四月十六日

时间:下午三时十五分

地点:厂长室

主持人:刘海亭

记录:纪硕钰

出席人:王利民、纪硕钰、王风芸、李连贵、李瑞卿、刘海亭、樊东智、马德海、姚增佩、李宝贵、孙恩荣、李连升、霍文英、孙思宝。

会议内容:1. 刘书记传达区委党代会的报告。2. 提代表候选人名单。

1. 提名方清[请]由总支扩大委会(区支书记委员)提名党员,讨论选举。本次出席代表四人,其中一人是区委统战(部)副部长。十七日召开党员大会传达报告。十九日党员讨论报告展开批评,酝酿候选人选举,十九日不够时,占公休日(二十日)半天。

讨论时总支委员分列深入小组,以听取群众意见。

代表候选人:闫家雄,市级英模。王风芸(女),工作态度踏实,认真负责,作风正派,能开展批评。王建常,企业领导干部。(刘海亭意见)讨论结果:

李连贵组:闫家雄全组同意。王风芸四人同意,一人不同意。王建常三人同意,二人不同意。

李连升组:闫家雄不够条件,虽有模范事迹,但在小组中不爱说话,接受意见不虚心,一人同意。对王风芸、王建常都同意。另一人提马德海。

刘海亭组:二人同意王建常、刘海亭、杨淑贤。一人同意刘海亭、姚曾佩、王风芸。三人同意王建常,[、]姚曾佩、杨淑贤。因闫家雄去京开会,实际不能参加代表会,所以不让去了。杨淑贤是女同志,不是回民,生产上负责。能带回决议。六人中有五人同意王建常,是厂长又是总支副书记,工作负责任。五人同意姚曾佩,三分支是大分支,姚是分支书及车间主席,参加会议有好处。

表决:杨淑贤、王建常、刘海亭。

日期：一九五六年四月廿一日

时间：上午九时

主持人：刘海亭

出席人：正式党员 61 名，后[候]补党员 18 名。

会议内容：选举、出席区党代表会议的代表。

1. 讨论党代表会议的意义。
2. 给区委提意见，如何改进工作。
3. 给本厂支部提意见和如何改进今后的工作。
4. 选举了出席区代表会议的代表。

郭炳辉、刘海亭、王建常、杨淑贤为出席区代表会议代表。

日期：一九五六年四月廿五日

时间：下午三时三十分

地点：本厂三楼厂长室

主持人：刘海亭

记录：樊东智

出席人：刘海亭、王建常、王利民、马德海、李连贵、王风芸、樊东智、李瑞卿，列席(：)李宝贵、纪硕钰、唐风[凤]仪、霍文英、孙恩荣、姚曾培。

会议内容：关于质量不好造成书面退货，而流动资金周转不开问题。

一、如何提高质量；二、如何解决书面退货问题。

首先，召开党员大会，向党员交待[代]质量上所存在问题和资金周转问题，后由工会召集职工大会，来发动群众，并结合先进生产运动工作(挑鞋工作由工会及生产科检验科负责)，星期五早十点，召开党团员大会，星期六召开职工大会。

日期：一九五六年四月廿九日

时间：下午三时四十分

地点：二楼厂长室

主持人：刘海亭

记录：樊东智

出席人：刘海亭、王建常、王利民、王风芸、李瑞卿、马德海、李连贵、樊东智，列席(：)霍文英。

会议内容：一、讨论五月份作叶[业]计划；二、由王建常转[传]达行政第二季度生产计划。

日期：一九五六年五月四日

时间：上午八时零分

地点：厂长室

主持人：刘海亭

记录：霍文英

出席人：李瑞卿、马德海、唐风[凤]仪、樊东智、王风芸、王利民、王建常、李连贵、纪硕钰、刘海亭、霍文英，缺席(：)胡永山。

会议内容：一、行政干部规划。二、人员的处理(实质、盗窃)等。三、五六—五七年资本家的规划。四、总计划草案的修改(贯彻劳规纲要)。五、第一分赵国深闹(波)动破(坏)党的团结，应如何进行工作。六、工资问题。

一、干部规划：

1. 李瑞伍历史上没有问题，出身是旧职员(在里)，主要优缺点：工作一贯积极骨[肯]干，群众关系好，斗争性差，领导意见拟提任科长(现在任副科长)，总支同意提拔。

2. 孙光祖现任行政科副科长，拟提科长，历史上没有发现问题，出身旧职员，优点：工作积极，群众关系好，对政治学习较好，缺点：批评差，斗争意志差。未通过?

3. 韩耀明，现任维护科副科长，拟提科长，历史没问题，优点：工作积极肯干，服从组织调配，群众关系好，斗争性强，缺点：对政治学习差，同意提拔。

4. 郭信贤，现任工资科副科长，拟提科长，是旧职员，历史上参加一贯道道□，优点：工作肯干，能完成任务，缺点：缺乏群众关系，工作凝[宁]左无[勿]右。同意提拔。

5. 杨绥曾，现任供销科副科长，拟提科长，历史上没发现问题，优点：工作积极肯干，能完成任务，群众关系较好，缺点：有轻政治重业务，有些本位，同意提拔。

6. 李勇全，原四厂行政科负责并厂，乃是历史上没问题，工作积极肯干，群众关系好，缺点：斗争性不强，工作有时不合心意不安心，有些背后小广播。提副科长，同意提拔。

7. 张福君，任车间副主任，提车间副主任，优点：历史清楚，工作任劳任怨，能按时完成任务，责任心强，群众关系好，缺点：斗争性较差，同意提拔。

8. 吴国良，担任工段长，提段长，历史(上)参加过清邦[青帮]，优点：工作责任心强，群众(关系)好，同意提拔。

9. 陈景和，工人提为工段长，历史(上)在□集体参加国民党，解放后集体□□，优点：技术较好，工作积极肯干，缺点对政治学习较差，同意提拔。

10. 刘万珍，沿合部工人，提拔工段长，历史清楚，工作积极，群众关系较好，肯干，缺点，[：]工作碎[脆]弱，工作中有困难爱哭，未通过？

11. 白玉声，四厂工人代工段长，历史上没问题，优点：工作责任心和计划性强，做事心中有数，对问题果断，斗争性不强，群众关系好，缺点：有时主观，提拔工段长，同意提拔。

12. 杨秉森，现代理工段长，拟提工段长，历史上没发现问题，有管理工作能力，群众关系较好，同意提拔。

13. 王振华，代理工段长，拟提？

14. 李学允，记录，拟提车间工资员，历史上有些问题，优点(：)有一定工作能力，同意提拔。

15. 李树勋，以前记录工，提拔记录员，优点：工作积极肯干，责任心强，能依靠群众，作好管理工作，群众关系较好，缺点：工作情绪不正常，对现实工作不满，态度生硬。同意提拔。

16. 袁全洪，保全工人，提安技科，优点：历史上没问题，工作积极肯干，同志之间团结很好(安技科办事员)，同意提拔。

17. 王风芸，四厂人事科负责人，历史没问题，优点：工作责任心强，有一定的分析能力，能按时完成任务，拟提人事科科长，同意提拔。

18. 闫秀峰，现任技术员，拟提技术员，历史过去参加(集体)国民党，对技术很熟练，工作积极肯干，缺点：对群众关系不太好，对政治学习不够？

日期：一九五六年五月四日

时间：上午三时五分（应是下午——编者注）

地点：厂长室

主持人：刘海亭

记录：霍文英

出席人：马德海、唐风[凤]仪、纪硕钰、王利民、王风芸、李瑞卿、樊东智、刘海亭、霍文英、王建常，缺席(：)胡永山、李连贵。

会议内容：接继上午二，处理盗窃犯等问题。

二、处理盗窃犯等：

1. 张耀儒，过去是四厂资本家，偷厂眼镜，因家庭生活困难，给予教育，同意。

2. 王文敏，在裁断部拿走了帮子片，已经知错，给予教育，同意。

3. 王明，偷窃厂的铜铁等，记小过二次。（守卫工作共五件，价值 35.8 元，铜铁门废铜共 7.5 斤），同意。

4. 王子才，一贯盗窃国家的财物，经保（卫）科教育不改不交待[代]，给予机关管制处分，同意。

5. 王克成，原四厂伙食管理员，偷盗一百元及贪污，给予记大过处分，同意。

6. 郭书有，硫化部，工作不负责任，发生事故数次，给国家造成损失 15 千克，给予记大过一次，同意。

7. 庄仁俊，工作不负责任，私用公款，给予记小过一次？

8. 张纯，一贯不遵守劳动纪律，私自旷工，给予记小过一次，应得大过处分，但由于目前工作好转，因此记小过一次，同意。

9. 李良民，一贯不遵守劳动纪律，旷工三天，给予当众警告，同意。

10. 沈桃林，不遵守劳动纪律，抬手打人，给予当众警告，同意。

11. 冯玉章，盗窃厂里的铜丝，党内批评教育，行政记小过一次，同意。

12. 李汝刚，破坏工具，不遵守劳动纪律，彻消[撤销]行政组长职务，公开检讨(党内外),同意。

日期：一九五六年五月五日

时间：上午八时二十五分

地点：厂长室

主持人：刘海亭

记录：霍文英

出席人：王利民、王风芸、樊东智、马德海、李瑞清、纪硕钰、刘海亭、霍文英,缺席(:)胡永山、王建常、李连贵。

会议内容：一、56—57 年的资本家规划。二、关于赵国深破坏党的团结问题。

一、五六年至五七年的资本家规划。

1. 孙玉斌,参加社会各种运动较积极,能掌握自己的命运,对党的决议没表示过不满。历史在过去任过伪保长,合营时,跳过资金未弄走。又是行业委员,第一类,同意。

2. 于利巨,对接受改造是随大流的,工作是皮皮打打[疲疲塌塌],对认购公债不满意,历史上没什么问题,工作不负责任,第二类,同意。

3. 孙风明,对经营管里[理]上负责,对接受改造能带动别人,对工作负责,第一类,同意。

4. 孙启民,能爱国守法,遵守党的政策,工作积极,历史上没问题,参加民主青年,一类,同意。

5. 黄胜其,对接受改造积极,能贡献技术,在第一轻工叶[业]局胶鞋研究组很负责任,式[试]制 100 种新品种,缺点有些自高自大,一类,同意。

6. 翟志宏,能积极参加社会活动,并能起带头作用。一类,同意,培养人。

7. 薛宾逊,对接受改造中随大流,对社会前途和个人前途有认识,对推公债起了很大作用(,)中间,二类,同意。

8. 王祖康,对接受改造是积极的,对生产管里[理]负责肯干,缺点有些急躁情绪,一类,同意。

9. 邝书文,对接受改造有所认识,工作推推动动,社会关系复杂,二类,同意。

10. 谭风拜,能遵守政府法令,学习积极,能掌握自己的命运,工作踏实,一类,同意。

11. 徐雨亭,四类,同意。

12. 柳茂如,在大事[势]所趋的情况下不得不定,工作推推动动,三类,同意,培养人刘振明。

13. 赵效良,对工作积极,能接受改造,一类,同意,培养(人)刘振明。

14. 齐云乔,对工作负责,经营管负责,能接受改造,一类,同意,培养人闫连珍。

15. 李易臣,在并厂前后能遵守各种制度,工作情况不详,一类,同意。

16. 闫锦文,四类,同意。

17. 王淮奎,工作情况不详? 一类,同意。

18. 孙贵华,三联打包工人,现在还是,在合营时能及时向党反映资本家的活动,历史不清楚,一类,同意。

19. 马敬波(女),小鞋车间,二类,同意。

20. 杨文卿,长期病号,一类,同意。

21. 王宝林,一类,同意。

22. 陈永仁,一类,同意。

23. 傅宗山,三联看仓库,资本家的密探,二类,同意。

24. 孙击农,二类,同意。

25. 孙守瑛,原轧胶部,现在包装工作,三类,同意。

日期:一九五六年五月五日

时间:下午一时二十分

地点:厂长室

主持人:刘海亭

记录:霍文英

出席人:王建常、王利民、王风芸、樊东智、李瑞卿、马德海、纪硕钰、刘海亭、霍文英、李连贵,缺席(:)胡永山。

会议内容:一、研究如何对资产阶级份[分]子〈如何〉进行改造?

二、研究如何解决赵国深在党内不团结的问题。三、讨论总支二季度工作计划。

一、结合先进生产者运动，对他们进行改造，另外组织他们参加各种讨论政治等学习；其次，通过家属子女等对他们进行；通过对企叶[业]的改造也就加强了对人的改造。

二、分工培养，用真诚的耐心的帮助，但是应有团结有斗争，应大胆接近，划清思想介[界]限，由支部定期召开资本家座谈会等。

日常的具体工作，由人事科负责，关于斗争方法、培养方法由支部负责，支部应定期检查汇报和研究工作，定期研究资本家的思想情况，培养每月向支部汇报一次，实行卡片，负责人王利民。

关于赵国深的不团结问题？

工资问题：首先着手解决作件工活，拿日工钱的共有 30 余人，解决办法：按着橡胶一厂的标准先解决这 30 多人的问题，王利民、纪硕钰负责。

关于赵国深的不团结问题，解决办法首先由书记找他个别谈，他自己认识到了，在[再]开支委会议，开展批评李瑞卿负责。

讨论总支二季度工作计划。

日期：一九五六年五月五日

时间：下午七时十五分

地点：厂长室

主持人：刘海亭

记录：霍文英

出席人：王利民、王风芸、樊东智、李瑞卿、马德海、纪硕钰、刘海亭、霍文英，缺席(：)李连贵、胡永山、王建常。

会议内容：〈一〉、讨论总支二季度的工作计划。

日期：一九五六年五月十四日

时间：上午八时三十分

地点：本厂三楼会议室

主持人：刘海亭

记录：樊东智

出席人：刘海亭、王建常、马德海、王利民、樊东智、李瑞卿、李连贵、胡永山，列席（：）纪硕钰。

会议内容：一、对刑事犯罪分子（大会）怎样开好。二、工资问题。三、行政计划执行情况（三车间十分钟准备工作）。四、困难补助问题。五、关于目前开展对反革命分子自守[首]投明的政策宣传工作。六、食堂专人负责问题。七、总支计划讨论。

一、由王利民转[传]达对开好刑事犯罪大会：分为三部分开，一、召开党团员大会；二、全体职工大会；三、讨论问题。

二、工资问题：按着本厂实际情况，计算单价，现已报局批示。

三、困难补助：根据现有摸底基础上，进一次[步]摸底，工作便[边]摸便[边]补足。

四、食堂专人负责，王庆来、刘振明为主。

五、治保总会名单，委员：在作考虑。

日期：一九五六年五月十五日

时间：上午八时三十分

地点：二楼厂长室

主持人：王建常

记录：樊东智

出席人：王建常、胡永山、马德海、王利民、李瑞卿、樊东智、王凤芸，公假（：）刘海亭、李连贵，列席（：）纪硕钰。

会议内容：一、讨论行政工作计划，二、讨论总支工作计划。

一、关于第三车间作样板是占用什么时间，在叶[业]余时间来进行交流经验，来提高质量，工会负责，发动行政，有关方面指导及执行（内包括技术科检验科本车间）。

二、总支第二季度工作计划。

日期：一九五六年五月十五日

时间：下午十二时三十分

地点：叶[业]务办公室

主持人：王利民、马德海

记录：李瑞卿

出席人：党团员

会议内容：关于处理一批形式[刑事]犯罪严重违犯[反]劳动纪律的份[分]子，代[带]着公布了回书堂判决书。布置一下宣传党对反革命分子投案自首的政策问题。

并厂后，合并厂前在这方面工作作出了不少的成绩，在我厂并厂前后发现六次盗且[窃]，回犯曾进行过政治破坏活动，家庭地主出身，在生产上发现严重破坏事故，对国家财产造成一定的损失，和政治上造成很坏的影响。根据中华人民共和国惩(治)反革命条例十条三款，判处该犯徒刑十年。共处理十二人，还有过去在原四厂处分的部分人，应撤销处分的。王子才偷东西罪事实，是偷工人的雨衣等，给记两大过的处分。王铭曾在四厂偷过镙[螺]丝母等东西，根据他偷东西的事实，逐步追回赃物，给以记大过处分。张耀如偷眼镜一附[副]，并有悔改自心[新]，免于[予]处分，给予批评教育。张五章，偷本厂铜，共值二元八角，因性质严重的，是守卫人员，给予记过处分。赵五春，偷铜共值二元七角，不愿坦白，性质严重，给予记过处分。王克成，该人是伙食管理员，他假造说把伙食钱丢掉，经保卫人员追检，在有人证物证的面[前]不得不成[承]认自己，愿意把伙食钱退回。根据以上事实，给予记大过处分。刘树堂生产上造成了严重事故，除此应处分外车间，主要在大会上作深刻检查。张纯，愿意不上班生产向领导此[辞]职。李良民也是对工作不满意，想办法帮助提高他的认识，这种表现在我们工人来说，是非常恶劣。给予警告处分，还有供销科的干部举手打人。李如刚，主要错误在工作上，把工具打坏啦，给予撤销小组长职务。

日期：一九五六年五月廿四日

时间：下午四时零分

地点：三楼保卫科

主持人：胡永山

记录：樊东智

出席人：王利民、王风芸、胡永山、李瑞卿、马德海、樊东智。

会议内容：通过及审查入党志愿书。

一、张钧孚：经过讨论，其是否参加三青团，应继续补充旁证材料，如否定该人问题时可以通过。

二、邵文荣：经过讨论，其死去爱人陈宝林，历史补充后是否有问题，补充后如未发现问题可以通过。

三、李学明：全体总支委通过(共六名)。

四、李广馀：暂时不能通过。

日期：一九五六年六月廿九日(应为五月廿九日——编者注)

时间：下午七时零分

地点：二楼厂长室

主持人：刘海亭

记录：李瑞卿

出席人：党总支委员，工会主席，党员的团部书记，区委的宋加生同志。刘海亭、王建常、王利民、王风芸、李连贵、马德海、李瑞卿、樊东智、孙仲仁、姚增培、纪硕钰。

会议内容：讨论支部生活，十期的内(原文如此——编者注)有副厂长王建常和支部书记刘海亭，为什么不团结。

首先，由王利民同志先[宣]读文件，后进行讨论领会精神。

王风芸：我认为此文件为了能切合实际，是否可以先由文件中所提出意见。

孙仲仁：从这个文件，我认为是跟高尧[饶]事件有关，闹名誉、地位思想，如王厂长进厂后还是不错，后来工作熟悉了，就不依靠党的集体领导，特别是合营后，对改造企业有很大任务，如果要搞不好，就是我们的政治影响，实际就是我们不团结造成，我们影响，另外，由于厂长不依靠而生产完不完计划，如果你发表命令，你如不依靠党集体领导，那也就不会执行。

唐风[凤]仪：我认为这个文件对我们党内受教育很大无原则纠纷，实质主要是骄傲自满，个人主义，如果我们进厂只知一知半解，而就不依靠党是搞不好，如刘海亭，别人不恭敬我，那自己就消极了，而就把党的利益挪的[得]一进[边]，从我们来看，也是无原则，怕得罪了他等等错误思想。

李连贵：通过这个文件，对我们来说是很大教育，如果我们每个党员，如有一些成绩就产生骄傲自满，通过这件事情，给我一次经验教训，由于过去我们原则性不强，不能展开批评，而造成这样后果。

孙仲仁：具体到二分支也有这样一种情况，在合营后李宝贵说王利民和公股们也这样说，但刘海亭和李连贵也说说一些别的话，具体二分支也没向上反映。

马德海：从支部生活内容上是符合实际，我认为这个文件价值是很大的，不但从犯错误人直到教育，但对我们全届全市党员是直到很大教育，尤其王建常、刘海亭是否能够得到教育，这是党对你一种严重考验，如他们二人来说，在不同程度上骄傲自满，存在闹个人主义，由于这样完不完国家计划，造成党员之间、群众之间不团结等，这是给我们党带来很大损失，过去从无原则纠纷，也未有警惕起来，我对这方面思想也很模糊。但有的党员被拉〈入〉去，通过这种文件发表给我很大教育。

李瑞卿：首先，对这种文件树立起正确态度，而就不是扣[抠]字眼等，我认为还是没有认识这个问题，通过这种文件，说明我们大中华存在个人主义，从我个人也是这样，我们在坐[座]也是不同程度的走这条道路，从资本家来看，薛炳荪去新华书店买这本书，给我生产造成很大损失，从职工生活上代[带]来痛苦，白天闹人等等，通过这是党下来教育了我。

纪硕钰：通过这个事件教训，从我们党的负责干部自由主义是非常严重，从我个人也是同样，从王建常同志骄傲自满，是非常严重，而就没有给他提，就没有正面的给他提，有的总支也看见这个问题，就不管，因和个人无关，通过这次要想加强团结，必须克服自由主义，特别是支部委员，更应得到教训。另外，我们要从四中全会考虑，要从党的利益出发，特别是通过并厂以后更为严重，从我们完成计划、职工生活等，主要在于党内核心不团结而造成，根据我们现在工作是逐渐好转,但目前还是有问题,党内民主生活还是不够,要想今后搞好工作,必须加强民主生活。

王利民:我们从党支部生活刊登这文件,意义还是很大的,我们要从文章吸取教训,要克服骄傲自满、老资格等等,另外自由主义小广播,今后应当吸取这个教训,通过上级领导和帮助使我们集体领导是解决一部分,但是不是基本的,报纸所刊登我们现在还不能解决,如果我们对批评有不正确认识,是不对头的。

王建常:通过检查,在我思想上提高一步,但从按语及少奇同志词上我也非常同意的,关于报社跟我争取意见,但我提出意见也没采纳,我产生一种思想,我认田部长找我谈话,另一方面,登刊进厂后对其同志联系,后来就不联系,但我使[始]终检查不出来,从我个人方法上可能有问题,但大家都没有很热烈发言,使我思想最困难,所以说我工作方法一定有问题,是不是我看不起人,使我使[始]终搞不清楚,而[由]有原则斗争而形成无原则斗争,通过这个文件,提高个人认识,加强自己修养,但在这点差的[得]很远了,由于自己犯急躁,而闹成无原则纠纷,我们应严格的认识他,要给我们血的教训,但对我现在认识还是不足的,我对这文件是有教育意义的,但从这文件里说,我自进城没作过小事情,这句话我并不是这样说,大家给我提出骄傲自满,我还是同意大家意见,是否我王建常不需[虚]心,或者大家对我这种不爱听和攻击我的也不怕,重要是实事求是。

李瑞卿:由厂长说工作方法问题,我说如没有思想方法,决[绝]对不能产生工作方法,说我每培养出干部没有犯错误的。

王风芸:从文章发表而不是几个人的,是通过这次来提高我们大家认识,说起来〈说〉是闹个人主义,产生勾心斗角,往往记角[计较]各人利益等,不能从党的利益出发,但不能拿在会议上来,同时也不见得有意义来讲,从我个人来说,不但有,但是还是很严重的一团(和)气,是不能达到团结,另一方面解决团结不能不重视小问题。

日期:一九五六年六月十七日

时间:下午三时三十分

地点:二楼会客室

主持人：刘海亭

记录：樊东智

出席人：刘海亭、王建常、王利民、马德海、李瑞卿、樊东智，列席(：)纪硕钰、郄处长。

会议内容：一、干部提拔和配备及培养干部；二、有关职工生活福利问题；三、肃反开始工作；四、技术学习班复收起来；五、推广先进经验的检查工作。

一、首先由王利民同志谈干部配备，现在干部一五三人，占全厂15.74%，是按局的指标20%，现又进行分析不职的78%，共计占全体干部13.8%，主要部门相当缺乏，如生产科、技术科等，现提出初步意见，检验科王玉清、李文琴配备进去(内有薛荣华、王玉恒)，杨永祜调走，准备配合检验人员。一车间：刘茂中、岳长林；二车间：张君福；三车间：刘学嫌。生产调度科，[：]李连贵、孙德训、陈信玉、刘耀曾、寇立茂(温永华替寇立茂)。技术科：邝书文、唐风[凤]仪、詹梦霞、顾康年、徐禹庭、朱仁林、李康钧、孙守普。

二、职工福利另作研究。

三、肃反五人小组成员：刘海亭、王建常、王利民、樊东智、胡永山、马德海、姚增培，[；]专职：王利民、樊东智、胡永山；兼职：刘海亭、王建常、马德海、姚增培。

日期：一九五六年六月十八日

时间：下午三时零分

地点：二楼厂长室

主持人：刘海亭

记录：樊东智

出席人：刘海亭、王建常、王利民、王风芸、马德海、李瑞卿、樊东智，列席(：)郄处长、纪硕钰，病假(：)胡永山。

二、工会主席纪硕钰谈职工福利问题：① 关于房子问题要作规划，折[责]成专人负责，由王建常，厨房、托儿所由王建常负责，叶[夜]校房子问题，由王利民、王风芸(即人事科、行政科负责)。

小鞋车间及外缝纫,关于怀孕的妇女,尽量不调,由厂长负责转达行政科。关于职工医药费,扣还应根据实际情况恰当解决。关于礼堂存鞋问题是由李连贵负责,尽量不到礼堂放,主要从质量产[着]手。关于医师及助产士问题,由王利民负责和有关单位借。关于特约医院治疗不好,是否找其信任的大夫,怎样办,先由纪硕钰和劳保部联系。关于王宝林外缝纫到本厂来工作时间按八小时。关于外缝纫享受劳保条例问题,是本厂职工可以享受个人而不享受家属。关于降温工作,由党政工团召集(合建奖励等)。关于婚丧假问题,应由王利民向局请示。

关于婚丧假问题应由王利民向局请示。

日期:一九五六年六月廿五日

时间:下午四时三十分

地点:二楼会客室

主持人:刘海亭

记录:樊东智

出席人:刘海亭、王建常、王利民、王风芸、马德海、李瑞卿、胡永山、李连贵、樊东智,列席(:)纪硕钰、唐风[凤]仪、郄处长。

会议内容:一、研究工资改革问题。

一、首先由刘海亭转[传]达局工资改革计划,第一点工资改革试点理由;第二点,目的与任务;第三点,组织与力量;第四点,步骤与方法,具体步骤方法:① 工资改革委员会;② 下设办公室。

二、思想准备工作,首先学习工资改革政策,统一思想;② 训练骨干,组织短期训练班;③ 深入群众,摸清思想情况,〈工作〉准备工作。① 收集工资改革具体问题,提出解决意见,加以撤[测]算;② 技术等级摸底工作。

三、本厂工资改革委员会:王建常、王风芸、郭信贤、李连贵、翟志鸿、刘海亭、唐风[凤]仪、马德海、纪硕钰。

办公室成员:纪硕钰、马德海、郭信贤、田学颖、石洁邨、杨淑珍。

日期：一九五六年七月二日

时间：中午一时四十分

地点：会客室

主持人：刘海亭

记录：樊东智

出席人：刘海亭、王利民、王风芸、李连贵、马德海、李瑞卿、胡永山、樊东智，列席(：)唐风[凤]仪，公假(：)王建常。

会议内容：一、第三季度作叶[业]计划，二、转[传]达地级工业部产品指标。

一、由李连贵同志转[传]达作叶[业]计划。1. 小组结[节]奏生产，由车间主任负责；2. 加强调查工作，由生产科负责；3. 加强生产管理工作，在二车间建立收发室，由黄国祥负责，由生产计划负责。加强质量分析(七月份)，由薛荣华，推广经验(在七月份)，薛佩文学习厂等经验，解决包头不一致作样板，推广宋维玲沿包头和尚秀芸沿白条经验，加强环境技术，上头经验，消耗定额来进行考核。

安全措施：通风设备。

日期：一九五六年七月三日

时间：上午九时零分

地点：会客室

主持人：刘海亭

记录：樊东智

出席人：刘海亭、王利民、王建常、胡永山、李瑞卿、马德海、王风芸、樊东智，公假(：)李连贵，列席(：)纪硕钰、孙恩荣、黄国祥、刘宝仲、□处长。

会议内容：〈一〉、转[传]达市委地方工叶[业]部质量规划纲要。

一、由刘海亭转[传]达地委宋部长报告。(一)质量规划：① 干部思想检查；② 揭发问题；③ 发动群众推广学习先进经验；④ 找样板，从技术改进工作，第三季度还需要找样板改进。技术工作应积极跟上去，以上三个工作也需要跟上去,我们是二年的质量规划,市委很重视,天津市质量工作从全国来看,天津市质量是落后的,市委决定主要产品有三十多种,要增加两千多种,包括新产品在内,这个规划由行政着(手),需党也应当做很多工作,应发动群众讨论,和对质量应当检查,在制订后规划是否先进,各厂应以额定产品为主;(二)应贯彻提高质量措施,应分头报局和区委。具体作法:首先发动群众干部,检查和提意见,来进行制订,总的要求是普遍的来作,时间要求是七月底完成,今后产品保修保换,制订后抓紧开展先进生产者运动中去。

二、工资改革:总的精神是普遍增加工资,支部专人来作这个工作,应掌握思想情况,职员职务并未有明确,干部在思想上应掌握起来,党工团干部是根据条件,市管干部外,其由厂内评之,三、工贸改革政策掌握:① 升级面大小是否有降低现象,是否压低老技术工人现象,是否有提高现象,是否有机[计]件了的条件。四、工贸改革宣传工作,因根据报纸,工资改革意义,工资改革方案,是由行政来作及干部安排,应研究安排下来。

三、合营企叶[业]改组工作,四、手工叶[业]和工业的整顿分析来合并到工叶[业]方面去,五、肃反工作。

廿条纲要:一三三二产品有二〇六种接近和达到全国先进水平。

(一)在二年内,要接近苏联标准,没有国定标准,要达到国内先进标准,要作出分批分期规划,二年内 30 种主要产品要提高质量,对布面胶坐、大底不爱摸[压模]、海棉[绵]底硬等。

二、增加新品种,二六七一种,已投入生产一二七二种。

三、加强采购,局内建立技术研究所,产品检验所,大厂应(设)设计室图案室,加强科股检验人员,建立车间检验员。

四、各公司和大厂应当配备副厂长和副工程师,掌握质量,加强技术管理。

五、公私合营工厂改组和生产相结合的进行生产,应利[力]求多样化和专叶[业]化。

六、加强设计工作,贯彻质量标准和操作,改设计图纸,必须经工程师批准,必须定出工艺规程。

七、逐步进行技术改革工作。

八、加强技术协作关系,应有计划的作好此项工作,应和外地联系与学习,本市公私合营厂和地方国营等工作经验。

九、积极发挥技术工人和老技术工人作用,必须大胆使用他们,领导干部应多接近他们。

十、培养技术力量是提高质量重要保证,在二年内,局和公司组织训练,提高技术,要动员工程师和技术人员,应签包交包学。

十一、初级管理人员和厂长,应要学习技术,以便更好的领导生产。

十二、定期召开会议,推广先进经验,应学习一个推广一组,巩固一个。

十三、作好合理化建议工作,因要各级领导重视,应以课程来提合理化建议。

十四、生产奖励制度,应把质量奖放在首先方面,凡是试制新产品奖励不低于超额奖。

十五、建立生产安全卫生及机器维修制度,二年内要培养安全干部,厂内应要制订安全等制度。

十六、国务院制订劳动规则纲要,制订工厂内部劳动纲要。

十七、生产单位要和消费者和贸易部门密切联系。

十八、要生产高级、低级的、一般的产品。

十九、建立产品保修保换制度,从一九五六年下半年起试验。

二十、加强政治思想工作,克服保守思想明确生产。

李瑞卿:从我们应在思想上明确反对吗?应当从思想上严加注意起来。

孙恩荣:从我们车间鞋面布,不一定准备和花纱布公司定合同,今后以质量为主。

蒋桂珍:我认为最大关键是硫化部,由于过硫欠硫等,使大底等摸[模]耗量不一,浆部治条是关键,现在咱们黑浆子和白浆子米力,一定会影响质量,现在海棉[绵]橡胶,先保证质量后,先[再]从美观。

刘海亭:根据局质量规划和结合我厂实际情况,准备召开检查会议后修订质量规划,首先从我们以前制订质量规划,进行检查后,进行修订,质量规划后拿到有关部分人员讨论后,再进行修改之。

军事预备役登记,18—30岁男公民都要登记。

日期:一九五六年六月十日(应是七月十日——编者注)

时间：下午三时三十分

地点：会客室

主持人：刘海亭

记录：樊东智

出席人：刘海亭、王建常、马德海、李瑞卿、樊东智、王利民、王风芸，列席：宋加生、唐风[凤]仪。

会议内容：1. 关于王利民和王风芸工作应当分开，建议局王利民同志负责保卫科长，王风兰负责人事科长。2. 肃反工作要在下半年开始，咱们厂组织核心组，由于区委考虑，这五人负责，组长刘海亭，马德海、王利民、胡永山、樊东智。

因半年工作还需要人员，王志良、李英国、王淑贤、杨淑贤、庞金惠等干部问题，提拔薛念平为计划科副科长，因有历史问题，需要弄清，暂不提拔，弄清后再提，王大全现为车间调度员，提为车间副主任。刘振明提为行政科副科长，因有历史问题，需要弄清，上级发现重大问题，重新研究。王忠华提为供销科副科长外送干部。李连贵责任生产科副科长，提为生产科正科长。樊东智提为保卫科副科长。

日期：一九五六年六月廿九日(应是七月廿九日——编者注)

时间：下午三时十五分

地点：会议室

主持人：刘海亭

记录：霍文英

出席人：刘海亭、姚增培、李连贵、王风芸、李瑞卿、马德海、唐风[凤]仪、纪硕钰、李宝贵、李连升、郄书孔、王建常。

会议内容：一、研究生产，讨论八月份(工)作计划；二、工资改革方案；三、发放公私合营企叶[业]私股薪问题；四、原三联四厂分肥问题。

一、一至廿日生产完成情况，计划12万双，实际完成12万双，黑97.15，球9，白力七90.57，芸纲96.36，白纲94.60，白球94.55，淡97.25。

廿一至廿八日，提计划每71.90，实际完成任务71.42，差4 061，将原超过的计算在内还差1 460，质量球96.73，淡97.19，白球93.05，力黑95.82，白力97.07，黑球93.75，芸纲94.25，未完成芸纲芸大球。

完不成的原因：一、操作主要节奏生产。虽背围条，出勤率，车间太乱，车间党政工团配合的不一致，工资改革结合生产差，各分支配合的不够，干部思想自满认（为）上半年完成计划了下半年问题不大。

完不成计划的主要原因：一、领导不够重视；二、工作互相配合互相谅解不够；三、群众对调整工资思想上是有顾虑；四、总支适当的分工不够明确的，与生产结合的不好。

解决办法：一、发挥组织力量对比，召开党团员会，研究生产关键。组织老技术工人研究时间讨论，技术标准以后再讨论，先解决关键；二、总支要有专人负责掌握情况；三、对工资改革宣传工作要具体，同时要报每日生产完成情况；四、互相协作，党分支应把这项工作负起责任，不能因为某同志不而影响工作；五、各车间应充分利用六大员，发挥他们的作用；六、工会应拿出力量搞搞科室工作；七、团的工作应在□抓住，团员青年推广先进经验，教育青年解决他们之间不团结的现象，下级领导应分工负责各车间。

二、关于公私合营企叶[业]发放私股股薪问题：

局里要求应在七月底发放解决问题，应注意土地休価[价]滞处理物资，组织发放小组由资本家总支书记、公股厂等组成原三联1—8月的四马分肥问题。

日期：一九五六年八月十六日

时间：上午八时零分

地点：会议室

主持人：刘海亭

出席人：王风芸、樊东智、马德海、李连贵、胡永山、李连生、刘海亭、孙德顺、霍文英、唐风[凤]仪、蒋桂珍。

会议内容：一、56—57二年质量规划；二、总支八、九月份工作安排。

一、通过工资改革，以后把职工的生产热引导到生产上去，深入开展先进生产者运动,贯彻二年质量规划,在八月中旬,贯彻市委质量规划。

二、工资改革工作,要掌握群众的思想情况,注意五点:① 保留面;② 降低;③ 压限技术工,老工人的工资现象;④ 计件工有条件实行而没实行的;⑤ 工资工作群众活动较大,工资结束后开展这工作。

三、深入开展先进生产者运动,在总结二季(度)先进生产者运动的基础上开展,在第三季度内在流[硫]化和轧胶部的技术学习班,把技术人员参加到生产小组使他们深入车间了解生产情况。

四、贯彻劳动规则纲要八月份开始学习。

五、建党在开展先进生产者运动及各项中心工作中,对积极的考验是有利条件,同时审干工作就要开始,这建党工作是有利条件。

六、加强党的集体领导,关于各项工作,都必须经党总支讨论,其他按一[以]往手续向(上级)提审[申]请。

七、对各组织系统的要求,① 各分抓先进经验;② 对职工的教育,将职工进行分类;③ 贯彻质量规划,要批判保守思想;④ 贯彻劳动规则纲要时党员要以身作则;⑤ 发动全党建党;⑥ 订出计划,开好党员大会,发扬民(主)开展批评。

开会各项工作的分工:

各项制度,总支委会按每月二次,如有要事,临时召开,各委员每十天向总支汇报,各分支工会每周一次,总支每月小结一次,每季总结一次。

安全生产、会议制度,汇报时间负责人。文化教育总支工会团应加上。

日期:一九五六年九月六日

时间:上午八时零分

主持人:刘海亭

出席人:刘海亭、樊东智、李连贵、唐风[凤]仪、李瑞卿、胡永山、王风芸、王利民、霍文英。

会议内容:一、讨论二年质量规划;二、如何贯彻执行。

贯彻办法:

除了科长以外,各科人员应充分讨论做出规划,订出个人保证,使任务分担[摊],发球群众性的车间(原文如此——编者注),党政工团负责,贯彻执行,总结推广先进经验等。发动群众应由领导,贯彻方法由党员到群众分部门,所分担[摊]的任务,分头有重点的贯彻。也就使先进生产者运动有了充分的内容。

各科讨论时,应强调指出,本着一些内容进行讨论,必要情况可提出意见,最后一些规划变成本科的具体行动。

为了更好的执行各项规定,由党政工团组成督导组,专门负责些项工作,总支由马德海负责。

日期:一九五六年九月廿八日

时间:下午三时零分

地点:会议室

主持人:刘海亭

出席人:姚增培、李连贵、李瑞卿、王利民、韩耀明、蒋桂珍、马德海、唐风[凤]仪、樊东智、纪硕钰。

会议内容:一、传达区委统战部关于统战工作的检查;二、讨论十月份作叶[业]计划和第四季度的计划;三、职务名称。

主任员生产科薛念平、陈信玉,会计科孙秀珠,行政科刘振明,人事科刘俊祺,安技科杨真干,厂长室薛尔缄,供销科张月川、王士森。

薛荣华代理副科长,薛晋祺代理代科长。

撤销黄国祥的车间代理主任,于金梁等蒋桂珍产假后解决。

日期:一九五六年十月十一日

时间:上午九时三十分

地点:会议室

主持人:刘海亭

出席人:李连贵、姚增培、李瑞卿、樊东智、纪硕钰、刘海亭、马德海、唐风[凤]仪、王风芸、李连生、霍文英、王利民。

会议内容:一、讨论工作计划;二、经保科贯彻制度;三、关于资方人员应参加什么会议和看文件;四、关于检查前三季度的生产情况,四季的生产任务;五、关于献幕[募]寒服。

一、讨论十月份工作计划:

1. 关于外缝的问题,厂长已向二车间主任说外缝,从十一月份正式并厂。

2. 对五分支的要求应把干部的工资改革加进来。

3. 对分支要求应加对团的改选工作的领导。

二、经保科贯彻制度:

第一个制度一般防火规则。

1. 关于第六条规定,硫磺储备量问题。

2. 根据工作需要,在指定地点内,可使用火柴,但须与生产车间有一定距离。

3. 锅炉边应安装消防器材。

4. 车间办公室禁止吸烟,技术科在内。

5. 三车间的太平门。

6. 车间主任出了问题,应经保安技科联系。

第二个关于三级检查制,全体通过。

捐幕[募]寒衣,主要是无人负责车间,以工会负责,主要行政科。

日期:一九五六年十月廿一日

时间:上午九时廿分

主持人:马德海

出席人:王建常、李连贵、马德海、李瑞卿、唐风[凤]仪、王利民、樊东智、王风芸、霍文英、郭信贤。

会议内容:一、关于三车间的工资问题;二、关于原四厂,补助工的工资问题;三、转达市委关于干部的工资问题。

厂长传达市委组织召开会议,关于干部的工资问题,分为二部:一、关于企叶[业]干部工资;二、机关干部。

一、企叶[业]领导干部和工人的凭出大,有的厂干部占工人工资的24%,

从科长以上的干部增长较多,科长以下的少,科上25.13%,科下7%,科长升级的定级高,在企业的干部和〈和〉国家机关的都是同样的条件,如厂长40%,国家干部20%,有的厂长比局长高,企叶[业]现行工资比机关的高,机关升级40%,企叶[业]50%,在中层干部增加的较多,一般的14级,企叶[业]干部增加不超过20%,企叶[业]干部应不应比机关高,今后的应逐渐的减少。14级的干部少增有好处,增多了会脱离群众,干部工资的增长大体每人一致15%—17%,太高的应向下降一些。二、同样干部,企叶[业]与机关大体一致。三、企叶[业]干部增长不超过20%,不得脱离中央的精神,多的不要太多,一般的升一级,特殊的升两级也可以,在等职务外的,最多升到等级线,夸[跨]级就高不就低,工资方案批准手续报二级工资委员会批准,14级以上的市委,14以下由有关部门,17级以下有关单位批准。

(三)凡是区党委干部,报区党委,有关人提出意见;(四)党群干部一起办理,企叶[业]应到月初15日前完成。

二、国家机关16级以上的以[已]完,以下的在进行,有的干部在工作中我的干部好,德材[才]兼备,到调动工作时,就说我的干部不行,拿不出,主要是内部平衡外一致。

一、关于工资改革后的情况:

首先是改革后,各车间完不成生产计划,经调查:一、制定的定额只是在上中层研究的多,在讨论中未提出什么问题,初期由98双修改为92双,根据是较保守的,在往外贯彻时不够细致。道理讲的不好,因此到实行问题都出来了,有的反映定额高,但主要是劳动组织与品种上,根据4、5、6号定额,是不高,经过现在的情况,定额是不高,主要是劳动组织品种套楦,平均每天653,最高810,低587,计划600,沿合计划92,平均完成89,最高97,低,共八个组完成定额(72人)(,)二组(13人)没完成,力士组(6人)没完成117定额,166(大)—163(中),边浆没问题。

根据完成情况,未有定额是没问题,主要的是劳动组织和□问题,原因:1. 贯彻的不彻底;2. 劳动组织上没有很好的配备;3. 互相不帮助,主要索连系数,其次在调人时因为照顾工人的困难,而把有利的人调走。另外对好的组照顾的较多,对力量较差的不管,领导还说多做多拿钱,少做少拿钱。从新工资下来以后,从思想没有统一起来,互相配合不够,有时行工了工人找工段长,他下去拿条一去不回来,还得工人自己去拿。停工的原因:① 边浆不干;② 条底供应号不对。妈哺乳时,品种一换就要影响。缺勤率沿合部 89%,计划 92.06%,作业计划设有排列计划以内,贯彻新工资制度没有加进去,孙淑霞计划 740,完成 770,于恩鸿完成 828,计划 530,张维 740,完成 781,力士组 900,完成 907,王淑敏 700,完成 781,张春年 540,完成 611。

日期:一九五六年十月廿三日

时间:下午三时十分

主持人:王建常

出席人:马德海、李连贵、唐风[凤]仪、樊东智、王利民、王建常、王风芸、霍文英。

会议内容:一、第三季度工作总结。二、第四季度工作安排。

技术上造成的原因,主要是海棉[绵]过软过硬,操作上造成的主要是沿条,各车间一、36.8%,二、22%,三、68%,小鞋车间完成的较好,最差的是黑白力士。

二、第三季度的主要工作:第一,制定了我厂 56—57 年的两年质量规划。第二,深入开展先进生产者运动。签订了各科室车间的联系合同。第三,检查了上半年质量检查,制定了措施。

三、存在的问题:质量次,浪费大,质量事故共 13 件,技术上三件,管理上四件。浪费现象,如鞋帮积压等。花色品种多 40 余种,技术管理薄弱,配方管理不严。

第四季度工作计划:

提出的补充意见:提前十分钟开班前会,可做三双样板,作为会议内容。关于外缝工资改革问题,四季(度)应解决。加强车间干部,互相帮助的思想教育工作。

通过了第三季度的工作总结,和第四季度的工作计划。

日期:一九五六年十月廿九日

时间：下午三时零分

主持人：书记

出席人：刘海亭、王建常、王利民、樊东智、马德海、李瑞卿、霍文英。

会议内容：一、关于检查统战工作。二、团总支改选问题。

自从并厂团的工作是存在一些问题，对专研叶[业]上还是很差，准备进行改选级人员也熟悉，另外从工作上也存在的具体问题，加干部调动问题，通过改选解决职务过多存现象，另外党员较多，改选要求要从上而下的开展批评与自我批评和检查活动情况，在二车间划分支(二个)。

总支委员：徐金良、庞金惠、赵忠良、詹梦霞、田学颖、唐风[凤]仪、魏耕耘、宋秉忠、杨伯林、刘福珍、魏振荣。

日期：一九五六年十一月十九日

时间：下午四时二十分

主持人：刘海亭

出席人：王利民、刘海亭、樊东智、马德海、李瑞卿、李连贵、纪硕钰、唐风[凤]仪。

会议内容：一、讨论十一至十二月工作计划。二、关于八大的学习，给区委各部提意见。三、关于去上海学习的人员安排。

一、十一月至十二月份的工作安排通过。二、关于上海学习的先回组生产推广时再出来。

日期：一九五六年十一月卅日

时间：下午二时三十分

出席人：刘海亭、马德海、李连贵、王利民、樊东智、李瑞卿、霍文英、区委魏文郁。

会议内容：一、批准新党员预备赏[党]转正。

尤培荣转正，今后该同志需要多从政治方面锻炼自己，应大胆开始批评，看问题应该尖锐,同意按期转正。李世昌,主要有骄傲情绪,同意按期转正。杨秀兰,同意按期转正。杨伯林要经常帮助自满情绪,同意按期转正。于恩鸿,补充支部大会决议,正式党员和候补党员数,补充从入党至今已有二年,拖检的原因。

日期:一九五六年十二月十一日

时间:下午三时十五分

出席人:刘海亭、王建常、李瑞卿、马德海、樊东智、霍文英、李英国、杨伯林。

会议内容:关于审干结论。

薛念平:通过上海房屋管理的李华芳、丁仁德,证明已向薛本人交待[代]的一样,身为一般国民党员之身份,又为伪抚(宁)县宣传员,参加过一个月的宣传员训练班,通过。

蔡念椿:其叔叔系反革命,即为地主恶霸,压迫农民,杀害人命,强奸妇女,反抗政府等,解放后逃跑,被政府逮捕,在中途逃跑到津找蔡念椿要钱去香港,蔡虽知道他是被政府逮捕逃但也不检举,包庇反革命,待搞清楚 54 年掉失皮包的问题,再结论。

贺瑞堂:自交待[代],抗战前参加工民训练班三个月,主要活动练习军士,毕业后又回到大中华(上海),又参加工民同学联谊会,性质相同,又参加了上海警备队,主要练习打枪,通过。

姚福珍:在陆军医院(伪)任护士长,当时在该院工作的一般都是国民党,但没有检举材料,经过调查否了关护士长,通过调查和本人交待[代]有所出入,本人有证具[据]是护士长,但是做的是一般护士工作,结论为护士长通过。

李学光:因为在军队中搞思想检查时,由于自己混扰[淆]事[是]非而受处分,被开除党籍,劳改六个月,撤销参谋的职务,结论。

日期:一九五六年十一月十八日

时间:上午九时零分

地点:党总支办公室

主持人：刘海亭

出席人：王建常、王利民、樊东智、马德海、李瑞卿、刘海亭、霍文英。

会议内容：一、传达区统战部关于统战工作。蒋方家属人员的调查。二、关于党的基层组织和分支委缺额问题。三、关于明年的中心工作——反浪费运动。四、工会选举。五、关于张春年组织工人活动。

一、关于蒋方人员家属调查问题，根据目前掌握的情况进行调查，再从各分支进行摸底，党团员应找他向组织交待[代]，由经保科负责。

二、关于各分支委的名单，准备明年改选，根据现在五各[个]分支明年划成六个支部，一分支刘宝贵、张广贤、周文荣；二、孙德顺、王玉清、孙仲仁、孙恩荣、魏环沄；三、张淑芸、姚增培、冯万有、蒋桂珍、郎全风、龚玉玫；四、李连生、刘根元、韩耀明；五、王利民、刘锦忠、李连贵、孙思宝、高洪元。

三、全年产量 290 万，明年的中心工作，第一季度总任务 65 万，73 个工作日，每日平均 89.4。56（年）质量，蓝球 95.77%，第一季度 96%，全年 96%。浅色 94.05%全年。白球完成 91.59%，明年 92.5%。白力 56 年 91%，57（年），措施贯彻二年质量规划和操作规程，编号生产，车间环境卫生，贯彻工具保管制度，积极推广上海的托底和边浆经验。息假日用 31 号和 1 月 2 号对换。

开展增产节约运动方面，浪费的主要是补助工和管理干部，裁断部统计记录收发外缝，小鞋车间并进厂内减少管理费用，把外缝并行中山路，开展的方向。

步骤方法：一、宣传教育现在开始进行，标语口号广播等，向职工进行宣传勤俭办企业，勤俭建国，艰苦朴素。由分支召开座谈会进行摸底，打下群众基础，提出集体奋斗数字，发动群众，围绕揭发群众发动起来，组织青年节约队，真[针]对关键进行揭发，最后应把奖励制度建立起来，重点二车间、技术科，其次三车间，在群众揭发的时候，首先给群众指出方向。领导问题群众揭发后，怎么解决和先进生产者运动的结合问题。

日期：一九五六年十一月二十一日

时间：上午八时十五分

主持人：刘书记

出席人：刘海亭、王建常、樊东智、李连贵、马德海、李瑞卿、唐风[凤]仪、纪硕钰、霍文英、姚增培、孙德顺、韩耀明、张福君、黄国祥、高鸿元、孙恩宝、郭信贤、闫连珍。

会议内容：关于一般干部工资问题。

主任员，王书林原 67.65 增 83，张月川原 86.65 增 83。

工段长：赵国深 76.68 增 83，周文荣 66.63 增 76，王玉清 66.63 增 76，董祝臣 70，吴国良 70，薛晋荣 70。刘新会 58，李毅 52，冯世明[？]，[？]刘锦忠 70，刘洁玉 58？ 万德银 70，林贵昌？ 冯再敏 65，赵福寿？ 崔联祥 65，王振山 65，杨秉森 76。

日期：一九五六年十一月廿五日

时间：上午八时零分

出席人：刘海亭、唐风[凤]仪、赵忠良、马德海、李瑞卿、霍文英、王建常、王利民。

会议内容：研究如何开展增产节约运动。

一、首先向党团员和科长以上的干部贯彻，跟上宣传工作，发动技术人员，提高质量，想法利用代用品，降低成本，改变配方，学习上海经验，大底含量胶 45%，加强工时定额和水泵定额，合理储备，原材料半成品合理储备，宣传工作应该现在开始，干部会现在也要开，党团会、工会委员会，最后职工大会，着重浪费，放手发动群众，讨论训练干部，下组掌握讨论，群众提出的问题，应该及时解决，不要埋怨职工的瞒[埋]怨情绪，把现在的问题和浪费现象解决，把不能用的物料加以处理，另外建立必要的制度订额，废品收回等制度，群众建立节约手册，工会负责，团里建立青年节约队，群众自己建立一些必要的制度。对全厂的病号加以分析。贯彻劳动规则岗[纲]要，加强劳动纪律的教育。在咱们提的重点应着重的，提出提高质量，利用代用品和提高出勤率，提高质量的工作，发动技术人员，加强工人，遵守操作规程的教育，组织技术人员和坚持技术学习。

日期：一九五六年十二月廿五日

时间：下午三点

出席人：刘海亭、唐风[凤]仪、马德海、李瑞卿、纪硕钰、赵忠良、孙玉斌、李瑞伍、薛宾荪、薛家线、朝耀明、刘津义、薛金平、薛晋琪、霍文英、杨秀兰、韩树勋。

会议内容：一、继续研究如何开展增产节约运动？

一、电力问题，人造胶的问题，凡[帆]布问题，现在有的向产值、产量已报局，成本在 1 月 2 号报。资金周转 56 年全年未完成。运动如何开展：56 年完成各项指标情况：产量完成了，质量七个品种都没有完成，存在的问题，主要质量方面，上半年完成的因素，主要是计划比较保守，由于新设计方案的影响，全年的均衡率完成的[得]较好，在每月的下旬完成的[得]较好，主要是检验工的原因，平时不紧张，到月底紧赶，上半年由于并厂，没有及时处理原材料而影响，下半年主要半制品储备量超额，各车间的计划不周，不符合本车间的生产情况，只强调一、二车间是保证部门，所以越积压越多，另外品种太多，有时完全听消费者的需要，自己积压布在从[还重]买布。还有各车间的管理不好，计划的全面性不强，只强调生产。在物理性能方面，客观原因较多，规格经济变更，各方面的协作不够，根据各方面的反映，我们厂的定额较高，是否遵守了操(作)规程。外观质量没有专人掌握，技术和检验互相推托，没有人负责，质量次检验上也有问题，检验层次太多，积压了产量，造成了次品，互相推托都不负责任。原料上主要鞋面布国布两色，到成品部发生了检验困难，造成积压，总的来说，下半年压上半年的汽油浪费了 200 公斤(每月)，在定额方面考虑不准确。

在配方方面：在利德粉和硬质酸方面，实际只用 200 公斤，而买了 300 公斤，工时浪费主要是轻工作的较多。

# 1957 年会议记录

日期：一九五七年一月四日

时间：上午九时三十分

出席人：刘海亭、王建常、王利民、李连贵、马德海、纪硕钰、区委安部长、刘玉领、霍文英。

会议内容：一、研究总支关于开展增产节约运动的计划草案。（总支预备会议）

关于小组节约账，应由行政工作，工会配合不了，因为得要小组核算员，另外，群众信心不足，也应在党团员中强调的提出，扭转消极情绪。安全工作先在团内提出，应在行政工会工作上应要提出，在 56 年有些事故出了，过一个月才报。

关于会议制度是否能固定下来？宣传工作怎么办？

工会工作上把节约账，应放在行政上，另外，群众制度特别层层检查制贯彻下去，是否放在工作中（工会）。

对党团员的教育，特别是行政调动方面，工段长不去，总支应加强预备党员的转正。团工作中应加强对青年进行遵守纪律的教育，有很多迟到的现象，另外运动的目的不明确，通过运动群众的思想觉悟达到什么程度。

在小组揭发问题时是否还采用印发提案纸（数），由许（疑是“谁”字——编者注）负责解决交给许[谁]。群众发动起来提的问题怎么办？如果不能解决，也是影响，另外揭发的面是否应着重工时浪费和原材料的浪费。

方针任务是明确的，结合到我们厂提的不够突出，在提高质量反映的不够突出，应把质量放在第一位，具体方法有二[两]个，一个外观，另一个是物理性能方法面是很重要的。其他问题我完全同意。另外，计划对口问题，根据党的要求，工团行政应作什么？如行政贯彻一个制度，党政工团要统一步调。关于小组节约帐[账]放在行政上，我也没意见，这个工作很重要，必须要各组织配合，不然是不能实现的，围绕着这项工作做。其次是计划的词句问题，因为这是全厂的行动指南，试尖[着]用适当的词句把它变动一下，群众对行政的意见是肯定的，但也有很多群众不服从工段长的领导，和行政调动等情况，有的党员对段长干(于恩洪、张春年)，厂级的党政工团是没有问题的，而到了车间就成问题了。从各方面都是对行政监督，车间有的站在工会批评行政。在提高质量的措施上另外研究，关于挖掘潜力方面机器不？基本工人不是对象，主要是收发工统计记录上去参加生产(勤案)。

在头里集体领导和统一思想应充实到头里，应强调提出，另外挖掘人力，不增加人，应缓些，应提出不增人或少增加人，在计划中一些小事如联系合同、教学合同，可以不提，不等于不作，监督行政不监督的问题不大，不管是那[哪]有错误都可以提监督。

计划的时间多长？从里边看只是发动群众，后一段的工作应该怎么办？没有提。另外，宣传工作，有的放在注意事项里，有的应放在前边。有些教育应放在前边，把注意事项不要，重点扭转工人消积[极]情绪。另外，对干部的教育，也应跟上，从两面解决。监督提法是对的，那[哪]的工作都要监督，不要认为单纯的挑毛病，应明确监督的作用，不应从消积[极]方面提，把这两项工作加入宣传工作里去。

这一次发动群众是否考虑全面，向科室干部技术人员。

日期：一九五七年一月四日

时间：下午一点三十分

出席人：刘海亭、王建常、王利民、李连贵、樊东智、马德海、李瑞卿、霍文英、纪硕钰、唐风[凤]仪，区委安部长。

会议内容：一、研究总支计划——如何开展增产节约运动(总支委预备会议)(。)

安部长：我认为这个计划情况差不多，从总的来看有几方面应补充。1. 这次运动是减轻领导，克服官僚主义，使干部深入基层运动的，好与坏决定在干部，干部下车间减少会议，深入基层，提的应突出些，具体怎么办，行政工团各科自己另制计划。另外，发动工人、技术人员、资方人员进行工作，把他们发动起来，召开技术人员座谈会等，具体许[谁]作必须配合，计划应当提到。另外，增产节约的方针问题，主要解决上不来下不去，质量上不来，成本降不下去,所以中心问题是节约和提高质量,降低成本,结合本厂情况提的要突出些,另外,计划要求的不够突出,发动群众究竟做些什么?例如春节前到什么程度,心中无底。

主要是步骤不明确,第一步的宣传工作搞到各车间人,都谈节约,另外,我们究竟解决那[哪]几个重要问题。中心又是什么?计划的本身没有依靠群众,相信群众,克服官僚主义,怎样依靠群众,经常下车间听取群众意见。组织材料上,在写法,你的我的不够统一,不管你是党团行政,写出总的要求,大家围绕着这一工作进行,提出总的要求。到对行政要求除了作好你的某项工作以外还要提出要求,工团根据总支计划应作那[哪]些工作,总支对各部门的要求不易[宜]太多,另外,总支的统一问题,提的不够突出,和各部门的结合,工团的一切工作围绕增产节约,这一条应提的突出。关于几个另[零]星问题,总支最主要的问题是抓统一思想的问题,一切工作应从全面出发,正确的看问题,总支委员应站在自己的脚[角]度上来全面的看问题,要对整个企业负责,要统一认识,统一考虑问题。关于职工不服从行政和行政说职工不服从行政革命,行政教育干部加强管理克服官僚主义,工会教育工人服从行政,调动支持行政工作,总支应从两方面看,又要关心行政,又要关心职工。

现在有的职工看到行政缺点不管,说是行政的事,这句话有问题,因为我们有时喊行政缺点过多,树立行政威信较少。在这方面总支应公正,用事实教育。我们现在可以召开两个会,一个是干部会,听听干部对工人的意见,再召开工人会,听听他们对干部的意见。问注意的一条里,提的主要问题,我说不是,主要是依靠群众,听取群众意见,发扬民主,及时给群众解决问题。

二、决定当前工作应作些什么?

首先,按着计划执行,先下达国家计划,小组讨论揭发小组的关键,五号开厂务会议。揭发问题的范围,着重提高质量,节约原材料,减少工时的浪费,具体到各车间的具体关键提。

日期:一九五七年一月九日

时间:上午八点半

出席人:刘海亭、王建常、王利民、李连贵、马德海、唐风[凤]仪、樊东智、李瑞卿、纪硕钰、姚增培、孙德顺、李树仁、霍文英。

会议内容：总支委员扩大会议：一、各各[个]党团组织汇报增产节约运动开展情况。二、研究下一步工作。

工会主席：工会现在的进度，小组长训练已完了，各车间的工作大体都安排了，从小组长的情绪是较高的，但在时间方面较急促，计划还没有下达，各车间都召开了工人座谈会及组长会，原动车间也摸完底了，下边的准备工作已作好了，就等下达计划。另外还有一部分工人信心不足，就是问题提出来以后能否解决，一阵风的劲头较大，如思想检查，另外也还有些干部的信心不足，特别是车间干部，也应加强对干部的教育。

第五分支：也召开了党员和积极分子会议，用些时间座谈，主要提出的是减少行政费用，工作效率低，深入车间不够，人浮于事，如行政科提出多两个人。

一分支：根据总支计划，5号召开了党员大会，要求订保证条件，如何向群众宣传，要求5天内订出，要求工会团行政制订各组织的计划。一车间召开整工人座谈会，主要揭发浪费，大家的发言很热烈，会上没有信心不足的现象，但在一车间也有些人信心不足的流传，另外还有部分群众方向不明，在党员方面有2个情绪不高，切底部执行奖励制闹情绪，一般的还是正常，在群众方面还没有听到集体反映，行政测算10万元还交，但没有解决的具体办法和节约措施。

青年团：从总支布置工作以后，先召开团总支委员会，了解团员的不积极情绪，在三车间有的人说提了也不解决问题。另外有一部分光给人家提不检查自己，如套楦和上底部，如做鞋和验活也是如此。另外强调工段长不负责，根据这种情况，召开团员大会批评了这种思想，同时在揭发问题方法上，过去只叫大家提具体办法少，这次在揭发问题时小组想办法，没有办法了，再交领导，另外也给讲人与人之间的关系，工人和行政的关系，另外，还准备进行一次浪费的调查，在12月19日的时间次品出12 388双。三车间占四分之一，在七个工序3 082双，在开展节约质量能手，与工会配合搞同工种竞赛，另外套楦部，虽本身有问题，但缝纫对他的影响也较大，因线头长出次品162双，缝纫部造成1 336，对本部门的管理也造成困难，边浆部19日出了1 648双次品，不齐的人占大部分，工会准备搞小组节约帐[账]，因搞节约能手，另外打眼部的浪费现象也很严重,从一月到现在约有二面袋,主要这部门都是团员青年,我们提不掉、不残、不退的口号,除此外,在青年中提出连续工作好的,根据他的工作情况,命名优秀青年的口号,在一车间恢复青年监督岗,与工会研究推广先进经验和教学合同。

二分支:我分支根据总支计划在5号召开展分支会议,个别的找二[两]个党员研究,关于帆布利用率,如何提高,在缝纫部主要是白鞋藏,总的看来党员的情绪是高的,没有瞒[埋]怨情绪,在6号召开干部会,孟继安说,你别增产节约运动开始了咱们厂就开始全来了,过去就完成了,群众在刘支书报告了后的反映都怕是一阵风过去了,测算3万(初步),实际6万还要多,在刮浆部,海棉[绵]底用双刀刮,解决诱胶,浪费浆子,刘新禹提还用单刀刮用稀浆,到三车间刷白的改刷海棉[绵]底。

第三分支:我分支根据总支计划,在6号召开干部会议,分析浪费的原因,在边浆部主要是浆子浪费,在沿合主要皮子汽油手套,套楦主要是藏破底,成品主要是纸袋,根据情况向党员听分析,说明不要单纯瞒[埋]怨,领导如何检查自己,要求党员除了起头作用以外,每个党员最少要提一件,要求党员根据要求订出保证,同时从党员看也存在着信心不足。根据这种情况把行政的计划向党员说明,提出一些〈人〉不必要的人员应减少,但这些往那[哪]安排,另外原料方面应有专人负责,另外提出这次工作下来,我们党员如何检查,从职工思想上信心是足的,主要是边浆部薛佩文小组提出把小组节约帐[账]建立起来,另外提出这次建立可别一阵热劲。沿合部反映汽油和皮子浪费,在这问题上,我们给行政提出过很多意见,也没人管汽油桶没有咀[嘴]子,皮子条长也就沿里了,在手套方面也浪费,从人的方面,套楦部反映轻工作多,三车间的轻工作每天20余个,群众就产生了信心不足的思想,互相瞒[埋]怨,做鞋瞒[埋]怨沿条的,另外瞒[埋]怨领导不接受群众的意见,在有揭发问题找别人的,不揭发自己,揭发出来有的光喊不做,对自己有限制,从干部的思想也不少,主任认为其他车间影响多,在人事浪费也有问题,有的干部认为我们车间在表面看人多实际并不多,说:我们车间女工多,轻工作多,往往顶不上一个人,在测算方面,三万元找不出来,只有一万元。

我们这次要搞,首先把干部搞起来,依靠工人的劲头不足。在质量方面,有的组对作力士不愿做,出了残次品小组不够重视,孙淑霞小组作力士连号也不打。

马德海：我认为有必要再进一步的把领导干部在[再]发动一下(；)领导上，也要检查自己，作出保证。

李瑞卿：我认为要召开全体职工大会，首先把一年没有解决问题的先解决了，以后向职工作报告，由工会再批判工人中的不正确的思想。

唐风[凤]仪：一方面领导上接受职工的批判，另外有一定的时间来(给)职工解决问题，解决不了的在几天内给予答复，进一步发动群众的办法。

纪硕钰：我还是同意明天的计划下达，发动群众不等于召开大会发动，应正确的引导群众，把问题拿到正确的方向去。群众自己解决，扭转把一切问题都由领导解决，仅[尽]量少批判。另外，领导本身应拿出些东西，使群众相信领导，群众提的问题能解决的解决，不能解决的给予答复，把干部的保守思想拿到群众揭发的时间解决去。

王利民：我认为明天的计划不下，因为干部的信心不足，我认(为)应由厂长召开会，分析当前的情况，关于一阵风的说法，利用扩音器向工人讲清楚道理，利用积极分子进行活动。

樊东智：领导干部下车间深入群众，克服官僚主义，我的意见明天不下计划，也不开大会，利用各种座谈会，使群众进行自我教育，关于干部问题，召开中层干部座谈会，另外关于党员保证，各分支应如何抓起来引起注意。指示明天占[暂]不下，星期六下，召开积极分子会。

安部长：从总的情况来看，干部已经动起来了，但干部不知道如何依靠群众，重视群众意见，在克服官僚主义在党政工团没有解决，究竟怎么克服总支应研究，依靠群众深入解决问题，帮助解决问题，这些问题在干部思想上不够明确。从群众来看愿开展运动但是方向不明，把问题看成都是领导的事，信心不足，对干部的要求口号是克服官僚主义树立群众观点，依靠群众，给群众解决问题，深入群众。在群众中应积极行动起来，参加增产节约，行政应和群众见面，向大家表示态度。

明天召开积极分子大会，党团员座谈会。

日期：一九五七年二月十日

时间：上午十点半

出席人：李树仁、马德海、刘海亭、王建常、王利民、李连贵、樊东智、唐风[凤]仪、纪硕钰、李瑞卿、霍文英。

会议内容：一、增产节约运动。二、肃反运动。

一、关于增产节约运动。

① 增产节约运动春节前发动群众揭发浪费，已完；② 现在需要订立小组保证由车间审查；③ 另外深入建设每段措施的制定审查实现的负责人，属于小组车间工段等总的解决了多少件，属于合建性质的。[；]④ 根据群众揭发的问题，我们如何答复和建立制度，主要达到向群众交待[代]给他们答复，同时把奖励工作跟上；⑤ 以后要建立小组节约帐[账]和同工种竞赛等形式的竞赛准备工作；⑥ 加强劳动纪律的教育，主要是党的政治思想工作；⑦ 如何精减机构。分头准备，厂长：3、4、5、7，工会 2、5，团组织准备团的活动。

二、当时反工作进度问题。

这一段的工作，主要是排队，接近界线的有 20 个，不能肯定性质的 20 个(第一次排)，第二次降下 2 个，还有 18 个，现在开始调查和翻档案，时间问题另[灵]活运用。调查工作马上开始，调查力量不够，准备配备，高祖耀、周永富、张广贤、腾天城、贾德鑫、吴继增、杨淑贤、李英国。

日期：一九五七年二月十五日

时间：上午八时半

出席人：王建常、李连贵、刘海亭、李树仁、马德海、李瑞卿、唐风[凤]仪、王利民、霍文英。

会议内容：一、关于增产节约运动的当前工作；二、通过厂长会议的发言稿；三、关于总支制度。

定期接见群众，克服官僚主义(每周有二[两]天不办公，专门接见群众)，是否提一下加强车间管理，从工人中要扭转金钱主义，重生产轻质的思想，通过。

一、关于增产节约运动情况和今后工作意见：

通过发动群众揭发的浪费 775 件。总的经过整理 535 件，属于合建的 241

件，采取行政措施 44 件（不包括群众），节约价值 26 万多元，群众的热情是高涨，在职工中的小组保证已基本订完，如三车间掉皮子，打眼部掉眼的都解决了。在节约方面也有很大的作用。运动的开展是正常的。但存在着很多问题，（一）在提高质量降低成本贯彻的不够深入，节约原材料有些成绩。在提高质量还是不够突出的，1 月份的业绩比上半月有所上升，在工人和干部的重产轻质思想还是比较严重的。从群众揭发的问题来看，解决质量的较多，节约的较少，表现了领导强调解决质量的提的不突出，贯彻提高质量的精神不够突出。（二）中层干部对群众揭发的问题，给[结]合本部门的工作方向不明，从领导也没及时组织技术力量不够明确，抓住工作中心不够明确，因此，使运动开展的前松后紧。产生以上问题主要是群众揭发问题以后领导指的方向不够明确。工作计划性不强，在中层干部也存在组织推动组织力量作的[得]不够。（三）给群众解决问题不够及时，对老技术工人、技术人员的力量发挥的不够。（四）政治思想工作作的不足。

（运动开展的是正常的，但因中心工作影响而迟缓），对科室抓的不突出，抓车间的劲头较大，因此科室不知干些什么？关于解决问题不够及时方面，如 5％的海棉[绵]，每天节约 400—500 元，至[直]到现在还没有解决（黄厂长试验后多放硬工酸而工人的少放，比他的还好，可是技术科不敢提，怕厂长的面子和表现了保守思想），主要又联系到对资改造，发挥他们的作用作的很少，措施投入慢，各分支的情况，党员在运动中的作用。

今后方针任务：

一、着重宣传运动的持久性，加强对党员和群众的教育，使其认识到个人利益和国（家）利益的一致性，要（加）强提出提高质量的重要性，在运动中应加强对增产和节约运动的安全生产的教育。

二、深入开展增产节约运动和先进生产者运动。

三、加强小组工作，今后仍以小组竞赛为生产的主要形式。

李连贵：关于加强职工的劳动纪律的教育，另外，对出口鞋的质量问题，尤其是病假和旷工的。建立市人委布置的三大制度的工作，改变不合理的制度，如病假制度等。

李瑞卿：我感觉着运动主要是以宣传工作为中心，我认为还应贯彻边揭发边建设，另外对党提的不够明确，分支怎么作都作什么？对各组织的要求应提出。

王建常：贯彻劳动规则纲要应放在三月份，利用半个月，应有奖励、处分、批评和贯彻二年质量规划，增产节约运动相结合(现在作准备放在第二季度)。

刘玉岭：总的计划，应将党政工团分别开，具体提出各组织的任务，通过八大学如何改进领导，关于劳动纪律问题，应作好准备。1. 当前工人的基本情况是怎样？2. 当前抖气上生[升]的原(因)是什么？3. 闹事的人的情况出身，党团员的比重如何？

三、最后总支制度：总支会政治周一次，暂定星期五，全体通过。

关于韩树动调二车间的问题，任二车间主任，沈庭柱副主任，二车间干部问题，应党团员干部决下，孙守璞，调技术科。

日期：一九五七年二月廿一日

时间：下午五点三十分

出席人：李树仁、刘海亭、纪硕钰、马德海、樊东智、李连贵、李瑞卿、唐风[凤]仪、王利民、姚增培、李连生、霍文英。

会议内容：一、讨论总支关于开展增产节约计划。二、关于组织会议的精神传达。

(1) 把上不来下不去，政质量上不来，成本降不下去。(2) 党政工团步调的统一？运动开展的基本上是正常的？(3) 工作抓的过多过乱，政工作抓的多乱。(4) 把康淑敏改为有的群众。改为计划不强，缺乏计划性。(5) 把李桂元的例子加以改进。(6) 把对党员的思想是否要？(7) 以上工作应以竞赛学习主要形执[式]。(8) 科室工作应面向车间，贯彻各项措施。(9) 加强对职工思想的分析，对障碍运动开展的思想随时进行批判。(10) 关于资本家的改造工作，放在科室工作第五项。(11) 对工会要求应深入车间，帮助下层开展工作。(12) 批判运动中的不良的思想倾向。(13) 关于贯彻白鞋胶专业会议的措施，应改为不光是白鞋胶，另一个统一的要求，党政工团深入车间，每周致[至]少一次，共同要求。(14) 对要行政要求操作规(范)，质量标准等项工作的贯彻。(15) 团员也要保证行政措施的贯彻。(16) 对行政工作要求，建立小组节约帐[账]；(17) 关于团员的整团工作，通过坏的教育好的，全体通过。

二、2 月 6 日召开组织工作会议，关于巩固党和对党员加强政治思想工作，教育党员发扬艰苦奋斗，开展民主生活，56 年建党工作差一个就完成了，现在从 56 年发展党的情况来看，质量不高，有的还不如群众，现根据中央指示 1957 年基本不发展，关于 1956 年积压的志愿书，应严格分析，不够条件的应报组织部，新党的条件应高些，强调政治觉悟比较群众高，巩固党应着重对预备党员的教育需有专人培养，定期学习，树立革命人身[生]观，对预备党员加强思想分析。要细致的审查预备党员的历史，经过培养教育的觉悟有所提高的应转正，不够的按党章办事，如中间的应教育拖延，取消的条件，政治模糊，严重浮化，对运动不满，入党动机不纯的，看他的程度大小，加强教育，如教育不改，可严[延]长预备期，要求退党的，可办理手续。对党的管理工作，教育党员勤俭建国，艰苦朴素，加强小组生活会，开展批评与自我批评，对闹问题的，对屡教不改的给予处分，关于积极分子的培养教育工作。

整顿方法，结合增产节约运动进行整顿，今后的积极分子不叫本人知道，关于淘汰的不必告诉他，还要利用他，有缺点的应提出帮助，过去参加过国民党的应根据中央指示，告诉他今年暂不发展。

1. 关于预备党员的培养问题，告诉他们，预备期就得考查了解忠诚老实。2. 争取同志的帮助，目前有些党员违犯了错误说明，另外对转正的不应看他一点缺点，关于候补期的怎么办？一方面自己努力，总支抓紧什么时能转正，看你自己的努力。3. 退党问题，入党自愿，退党也自愿，党不阻拦，另一方面，把积极分子的分类排队说下，其次，把总支委员会的会议制确定下来。总支委员会要研究工作。另外，要有生活检讨会，每周召开一次分支委员会，小组会每周一次，研究行政工作，向党汇报自己的工作，小组开展批评，加强生活检讨会。其次，加强党的学习，再次，研究党的工作，活动时间自己研究，小组会星期四，会后向支委汇报，有重大问题向总支汇报，目前生活会的内容：1. 结合运动；2. 检查总支工作，对总支有什么意见你就提，后检查自己，通过批评进一步掌握了党员的思想情况。

提出明确不发展的原因是否还发展，说明，关于已谈完话的怎么办？

## 总支召开全体党员大会

日期：一九五七年二月二十二日

时间：上午十时

出席人数：76 人，其中：① 12，② 10，③ 18，④ 6，⑤ 26。

会议内容：① 关于进一步开展增产节约运动计划；② 关于组织工作。

一、马德海作关于目前增产节约运动开展的情况及今后工作方向：首先，在总支委会，根据本厂质量□成本降低不下来的关键，因此在一月份在全厂掀起一个轰轰烈烈的增产节约运动，同时利用了各种宣传工具，向职工进行了增产节约运动意义的宣传，各组织部根据运动作为中心工作，围绕此项工作分别进行各组织的工作，因此，党员在运动中也充分发挥了全体党员的作用，如□□□薄佩文等。

二、李树仁作关于组织工作的报告：

首先，谈谈预备党员的问题，按着中央的新党章的要求，新党员转正应接[按]新章的规定，预备干什么，它的本身就考察你够不够党员条件，如果够了，转为正式党员，不够，经过帮助可延常[长]。我们知道入党是个难事，而转正更是个难事，要想解决这个问题，首先是向党忠诚老实，其次看看这些同志目前存在什么缺点，重要的加以克服，自己检查存在着什么缺点，找影响我们进步的重要根源。另外，对一个党员的转正不应光看一点点，应从大处着眼，今后我们党员应加强修养，今后应开展批评与自我批评，对总支和每个同志有意见，可以开展批评，我们应明确，参加党以后要为党奋斗一生，也就是为共产主义事业奋斗到底。

对积极分子，今年一般的不发展，为了巩固我们的党，但是不发展不等于不培养，条件历史清楚，懂得党的事业，社会关系不复杂，通过培养有所好转，对培养对象不叫本人知道。

今后为了更好的开展民主生活，每周一次小组生活会，① 开展批评与自我批评；② 汇报在这一周的工作；③ 学习讲党课(新党章)；④ 研究党内的党务工作，活动日期每周四。

日期：一九五七年二月二十三日

出席人：李树仁、王建常、纪硕钰、唐凤仪、马德海、王利民、樊东智、李瑞卿。

日期：一九五七年

出席人：李树仁、王建常、马德海、唐风[凤]仪、李连贵、李瑞卿、纪石玉、王利民。

会议内容：1. 二车间的干部配备问题。2. 目前肃反工作的汇报。

注意资本家的动态和思想情况。

加强车间的领导，另外二车间设临时性的作个安排，二车间的车间班，过去管理几十人，现在增加到二百多人，确实是技术弱，有困难。王振华临时到二车间帮助，总支委员深入到车间，由李瑞卿到一车间。邝书文、黄胜林、韩树勋、唐风[凤]仪、李连贵（王建常）、马德海、杨全和到二车间，李树仕、纪硕钰、赵忠良到三车间，王祖康、翟供销科，薛化验科，白季锋及杨秉森协助王玉清，兰水堂协助孙德顺。

1. 职工代表大会；2. 增产节约运动；3. 整顿劳动纪律；4. 民主生活；5. 组织问题。目前搞增产节约及车间老新问题，思想情况，劳动纪律，改进领导方法，各方面的领导方法，主要的是会议制度，另外，目前抓劳动纪（律）情况，党团员的思想整顿，第二季度打好增的基础，在劳动纪律和增产的运动起到点的作用，连续到职工代表的基础。1. 抓分支的会议制度；2. 入党申请书申[审]批及预备党员，20 号抓此项，到明年初完成。科室竞赛，厂长对科室的要求，科与科的保条如何工作，3 月底听各科的汇报，布置四月份的计划，科室、工会发动各科室，如何听保证。

日期：一九五七年

出席人：李树仁、纪硕钰、李瑞卿、马德海、李连贵、姚增培、孙德顺、王利民、唐凤仪，计委赵科长。

会议内容：1. 肃反运动和生产结合的问题。2. 党团员是怎样发挥骨干作用问题。

一、肃反情况：

这次排队上去一个下来两个，现有 21 个，当前调查人员还有一个，我们正在做调查规划，主要任务翻档、调查和肃反准备，现在家里一人不够，需要五人翻档，调查三人，下星期五和群众见面。把小李、杨柏林、张洪调去，再抽八个人。

动员，忠诚老实坦白，检举三次报告，时间没确定，因区里报告，群众见面前要开党团员会，共三个星期报告讨论，同时开始小组斗争和报告结束，坦白检举没专案斗争。

二、生产工作四月份计划：

1. 积极实现增产节约措施，全面检查，实行的应宣传奖励，没实现的应研究原因，边实现边检查。做出切实可行的实现措施计划。不实现的应适当给予批准。

2. 加强调度工作，四月生产任务上，肃反又艰巨，必须保证生产供应和计划的完成，做到生产肃反两不误。

3. 加强技术活动。(1) 首先，小组生产会必须加强，研究和解决小组关系，注意会议质量。其次，总结小组点滴经验(两不误)，交流互相提高，加强重典[点]的领导。(2) 加强技术工作，□□保全订立师徒合同(化验室)。边浆沿合的技术协作，如沿条的高低，切含底建立合同保证生产。

三、时间安排：

评比四季〈认〉的6日前完，一季的评不出不推到肃反运动里去。四月十三日至二十九日，做□□□运动。20日签订合同专业会议。

日期：一九五七年三月五日

时间：下午二时三十分

出席人：李树仁、王建常、马德海、王利民、李连贵、李瑞卿、纪硕钰、唐风[凤]仪、樊东智、霍文英。

会议内容：一、57年的计划。二、二车间干部的配备问题。三、目前肃反情况。

一、讨论行政57年的计划：

总的方针是本着提高质量，降低成本，深入开展增产节约运动。按月的完成品级率，计划应改为按季。57年投入的新品种，锦标，磨轧大底，透明底，凹凸型的大底，新花样24种，减少人身事故，改消灭人身事故。各科深入下层改变领导方法提的较多，全年计划应把保卫科的公开工作提出计划之内。经保科加强检查制度，安全制度和四防制度，特别是放假日的值班工作。从各科室的要求问题有些不符合实际，如白鞋胶的问题，加强车间领导，发挥党员和工段长的作用，科室如技术科，检验深入车间，解决具体问题，应提的突出一些。保卫科。边浆部总结于兆珍和宋玉琴红齐的经验，总结裁断专业会议的经验，成立技术研究组实现措施。开展日常研究工作。

四月份的任务大，再开一次检查总结执行情况，贯彻措施。

要大力发动群众，开展一次爱国卫生运动。保证两不误。

安全要响亮的提出，注意安全，防止破坏和事故的发生。

着重抓生产的有：王建常、李连贵、纪主席。

运动有：李树仁、唐风[凤]仪、王利民、马德海。

四、党团员应怎样起模范作用。

日期：一九五七年

出席人：王利民、李树仁、马德海、李瑞卿、纪硕钰、王建常、李连贵、唐风[凤]仪。

会议内容：一、研究一下行政五七年的计划。二、把肃反时间参加的对象确定下来。

（一）方针任务：继续提高质（量），增加品种，开展节约运动，安全生产。

（二）具体要求：品级、性能、节约、指标：

贯彻三个技术基础性制度，包括：（1）操作规程，四月贯（彻）完；（2）修订质量标准，四月修完，所浆浓度，加强检验制度，大小样考的合格，再投入生产。半制品检查。加强成品检验制度。模型样板普检。层层检查，建立反[返]工记录，编号生产片卡。[；]（3）配方管理制度〈。〉和统计记录制度，以及成本财务管理制度，还要加强计划性。建立交接制度，改进劳动组织和安全条件，关心职工生产，首先保健、食堂，改善要注意政治思想教育，开展劳动纪律教育，对屡教不改的应适当处份[分]，树立艰苦朴素的精神和主人翁的思想。干部要决心一杆[竿]插到底，树立整体观念。

王建常：

1. 各科室以二千质量规划为竞赛中心，开回[展]工种、小组等竞赛，应以生产质量和安全等为中心内容，目的提高质量，降低成本。

2. 贯彻技术人员大会精神，实现大会措施。

3. 开展质量分析，组织分析专业小组，全面分析拖欠措施，指定专人解决。

4. 关心职工生活，厂长亲自抓这项工作。分析病情预防为主。物质文化生活。

马德海：

1. 会议制度确定时间搞出来，四月做好准备。

2. 质量应加强干部思想特别提出。

3. 劳动纪律应提以教育为主。

李瑞卿：政治工作要完成，各项工作重要保证。厂长、科长接近群众，应提为全体干部而向生产。

二、肃反问题：12:30 分钟有 700 多人，三点 400 多人，7 点 100 多人。11 日开始见面群众大会，党团员会在星期二下午 3 点 30 召开，群众大会星期四。

决定要把技术的抽出。

日期：一九五七年四月二十日

出席人：李树仁、王利民、马德海、李连贵、樊东智、姚增佩、李瑞卿、唐风[凤]仪、孙德顺、韩耀明、纪硕钰，共 11 人参加，其中有分支事项参加三名。

会议内容：1. 研究第二季度工作要如何做。2. 肃反的情况。

① 发动小组竞赛，提倡议；② 检查措施，主要五资原材料加以解决，实现哪些，没有实现的看现有的情况，固定下来，全面检查，实行措施是否可靠；③ 5月份生产计划，劳动组织调培[配]；④ 安全卫生组织力量，推广先进经验。

纪硕钰：1. 四月份计划，重要的质量问题，四月是不坏的，质量都可以完成，只是白铜鞋的一项没有完成，要用名[明]确方式来，和肃反两不误，一方面结合红 5 月来向五一献礼，解决关键，达到四月全面完成计划。2. 小组提保证，明确关键，防止条件多，要特殊。如二车间的三袋坏的中排好的节约原材料，算一条，我们要支持此工作。不影响质量中要节约，保全部的自动机的献礼,保证完成计划,掀起小组的热潮,要 80%发动起来,迎接红五月及七一的口号,要巩固,发动群众,响应倡议。3. 检(查)措施:实现的效果和修改一般的没有检查,五项原材料,措施是保证五项的完成,他[它]的消耗,现在是降低是提高。4. 节约,棉织品手套问题,现在问题很大,给不了现有的计划,市场的供应上有那[哪]些是困难的,向群众交待[代]一下,结合棉布供应的要向群众交待[代],如工作服的该补就补。5. 加强生产管理,看不见生产情况,小组有的不知道完成的如何,要及时公布小组的节约及同工种竞赛,统计反映不出来生产。6. 安全卫生,现在小组都没有上来,因没时间活动,粮食供应的计划也没有完成,半成品的存量多影响了质量,二车间的脏帮子,好坏的一起下,车间与车间的检验标准不一致。

1. 看质量。2. 献礼要根据小组,关键不得超过三条,即明确要特殊向五一献礼,公布献礼的成果,完成月度计划,保证质量,反对不管质量和安全,要有措施及办法。3. 科室及车间办公室段长,同工种的段长及科,响应倡议,规定措施,面向工人及小组,有措施有办法能够实现,防止以实现的,抓到要点,主要是问题特殊。成品部的当时看不出,现有的成绩(原因是有单双的没有人配,不能一天一清,配单双的不算个人的计划当中)。

王利民:总支工作目前的,上边工作多,我们要上下扭在一起,现在肃反的群众发挥的讨论的还不错,应如何配合和宣传,突出总工作肃(反)生(产)两不误,能差代着走(原文如此——编者注),中心运动,政治工作,其他的活动如何配合,使逐步进行生产。今后,用什么实际行(动)来作好肃(反)生(产)两不误,通过清生产上是提高的,按目前也是一样的。

组织宣传力量:① 第一季度实现那些措施,□实前水平后达到哪些措施,消耗降低多少,一定要分析。安全卫生,有专人负责,通风设备,安全方面,在小组里不要通过会来揭发问题,要零[灵]活一些,见到问题要向小组长汇报,没有检查,车间是否执行?

二、肃反工作情况:

大会报告出席人:1 100 多名,补了 50 名参加的□,出差,班次不好倒,个别的几个没有参加。情绪是严肃的,讨论情况一次,经研究能达到要求,职员讨论好,下小组女同志发言的很少。二次差一些,职员讨论的好,下边的讨论不好,还有的未糊的话题,布是会差一些。

重点人是装积极,精神紧张,有历史问题,也是一样,争取积极表现,还有三种情况:① 争取提前□□;② □□时精神紧张;③ 运动对自己实不发言很平常,不是积极的态度,怕肃反和三、五反一样,特别是黄,没有也要诚[承]认,翟交待[代]问题,黄交待[代],齐交待[代],翟说破坏话怕剥削阶级,他可检举了其他。

① 小组长检举经验上有一些缺欠,今天准备小组长学习,抓不住中心,统计分类有缺欠的,人员分类坦白检举,现在不号召,有说就说,没说就莫,现实先领会方针政策。② 总结成绩缺点及各种情况,抓实行小组,通过辅导给大家一些办法,扩大积极队伍。③ 党团员汇报通过坦白作档案。

日期:一九五七年四月二十六日

出席人:李树仁、王建常、王利民、马德海、李瑞卿、樊东智、纪硕钰、唐风[凤]仪,列席(:)郭信贤、赵均。

会议内容:1. 贯彻外缝的工资改革方案,修改(计)件工的定额。2. 开展红五月劳动竞赛。3. 个人历史结论。4. 五一结[准]备工作。5. 肃反工作,解放运动。

在沿合部的张春年小组,如果他组里歇一个人,他就向工段里要四个人,做辅助,给不了一个人的定额,五月份要下定额,要合[和]检验科联系,不能迁就,如套楦的用鞋把手一边平要刷到布丝里边。要限产是否有影响(件工),要按照操作规程作,完成质量计划的可以超,完不成的就不超。

李瑞卿:操作和定额在一起下是有矛盾的,一方面粗制乱造,先下操作规程,然后再下定额,不遵守干的多,对收入没有影响,搞操作是没有问题的话在[再]下定额。先贯彻是敢定的。

王建常:有三种最高底,平均水平线下的是合理的,下步工作如何做。1. 加强教育,主要的是遵守操(作)规(程),检验要加工作要点□上去,不这样下去要影响红五月的。

要按操作要点有90%可以搞通的,有不得解决的用压力,犯者操作规程的调去阵程元的办法(原文如此——编者注),大家讨论教育本人,不白花七千元,来教育职工,不能有大多变动,是否造成了内容的矛盾,但应考虑积极一面，也要考虑不利的一面，我们的思想要冷静一下，是否考虑不利的因素。

郭信贤：修改定额最好是不能严[延]长时间，根据操作要点如何做，五月份执行操作规程。

唐风[凤]仪：工人的积极提高了是可能达到，提高质量保证节约，实行对把子的现在不能下，为什么，提高的定额，是否要教育，提高节约，修改数是卡节的，不能有打反[返]工的现象。不能有整□的规程，要点交待[代]请用，鞋把子的好处，边□的教育，改进操作遵守修改定额，边□的问题不大，套楦的问题大，主要的是思想问题，开眼的增加的不多，超过比重是不大的，有因素。1. 老定额是底[低]的。2. 半年中套楦有改进邦子，软了，二车间也是好了，操作规程不是零[灵]活掌握的，按照操作要点来作是否定额高和底[低]。

有的操作规程各部门都有，可是贯彻方面都没有执行，可是也有的部门没有贯彻下的，力量是不多的。1. 党团都要作，不同工段和不同的特点，要总一下工作，贯彻可以要点可谈能解决不叫工人吃差，完成任务下降要下高是在研究，贯彻操作可强调虚点在贯彻操作规程考会定额的高低，最(重)要的是思想工作，有材料行政来整理，党政工团思想上要取得一致，先制度后贯定额。

马德海：制度边楦的进行方法边可并行的，操作规程贯彻下去了，可是没有遵守的问题，我们要检查制度，工楦进，分开有底处□，用鞋把子，这定用把子是有影响收入，用把子可以保质和安全，给他们的式[试]验期达不到的考合[核]一下，拿鞋把子，定额是多少，然后去确定，定额是多少，主要是检查一下制度，不好套的不套，造成质量，造成油数和车间的关系问题，边浆部的问题，学习一厂经验提了一下操作规程，现在物理性能达不到，和质量而产量都是提高了。劳动组织的问题，出勤率的不正常，造成边□部的估产不足，修改后一定要用鞋把子。进行操(作)检查，通过检(查)，要加(强)思想教育来研(究)，正过来作出宣传材料。

一、最后大家对修改定额认为是合理的，大家分析，当前提高生产的原因，目前首先要巩(固)操作规程和制度，特别是思想工作必须加强，党政工团要一致进行，宣传材料由郭科长负责，现在做好准备，五四开始做工作，如高再退回来，实事求是，如有问题，最好在五月下半月执行新定额，全体通过。

二、外缝纫的工资改革的问题。

四个组织两个有两个级动，工人反映不满有情绪，为什么我们不改革工资,为什么那两个组改我们不改,原因是合资的晚些,日工优越性少,件工优越性大,机器油、修理设备现在完全由企业负担工,劳保待遇高,过去产品不满足,一天五六小时工作,过去三四十,现在五六十,我们日工就在劳保待遇,现在的工资还是拿着老的工资水平,我们赶决[感觉]是没有优越性,是吃不饱穿不暖(的)工人,看来是要积极的要求调整工资。件工的工资是达到基本合理,日工高三级,普遍是一级的,问题是日工没有问题,件(工)过去涨,现在是落的,我们要作些思想的工作,增长的是骨干,不要要求过高,要讲清意义及道理,搞通有理由没[说]服大家。过去是九个小时,现在改革后的定额是按照八个小时来订的定额。和市的规定水平的高低,降低的进[尽]可能少一些,和那个组要大体上平衡。日工资比那个组织的工资低。

二、关于缝纫三、四组调整工资问题,件工实行新定额,日工根据局的精神和参考一、二缝纫大体相同,全体会议通过。主要依靠车间党政工团和工资科做,厂长代表总支贯彻,时间提到做的定额错开。

三、关于五一节戒备问题,首先要加强提高警惕性的教育(二十八、九),利用广播器,召开消防和戒备人员会议,党政工团进行检查和过节后开封,轮流值班,并加强作保会工作。

纪硕钰:进度上干部思想认识上,中心如何,抓是不明确的。

一、修订制订□条,车间主席要深入小组科,车干部下车间没有明确,中心车间汇报没听,一车间通知中班开会,行政通知的,思想不明,不明确本厂的关键,干部思想不统一,如孙宗,二小组头一次献礼,没有订保证也没有活动,说明个别组是有问题的,对托儿所的竞赛不明确,说明他们的劲头是倒退的,作事易的参加竞赛花样多。

二、科室没有订保证条件。

姚增佩:车间干部基本上明确任务,对以前政团研究基本上主要研究抓关键,那[哪]部门的让管理,召开了小组会,如何讨论大原,不重点组如何掌握会场,组基本好的边来说,油浆子如何刷齐,沿合是皮子浪费及浪费辅助没有方向,今天开会第二步的工作,如何干,订保证完了少部分还没有完,干部基本明确,而还存在着问题,科室没有运动,没有订保证条件。

日期:一九五七年五月十日

出席人：李树仁、王建常、马德海、李瑞卿、李连贵、樊东智、王利民，列席参加有各分支书记，姚增佩、孙德顺，聘请翟厂长参加。

会议内容：1. 增产节约。2. 肃反的情况及下步的工作。

通过运动，搞节约，奋斗60万元，及提高产品质量，大会及大家的劲头是很足的。组长分工，大家负责，总的来看大家方向，中心关键□□□，车间干部都下了重点组，全厂有108项措施，满原[埋怨]情绪没有，二车间有一组原车间干部□□□□都没有，当时和车间布置如何摆挂，中心明确，心中有数，当时有三组有杨、薛、李，一布的小组，一煤电的，一汽油和胶，不代表行政主要和工人和干部而组成的，讨论后，二步，各科审查提议，三、厂长研究批示办理不代表行政，有的动起来，有的没有动，程度方面不同。

李瑞卿：开展的有订保证，有的没有定，步骤还是不同。下一步工作，如何办质量。

1. 抓措施及合建，是关键，包括质量要安全生产节约，须很多力量完成，60万而奋斗。一、把行政中的会议制度要建[健]全，通过制度要推动组织力量，常务会，厂长，碰头会，科务会。二、发挥技术人员智会[慧]。三、发挥各股能科，发挥各车间的六大员。目前检查贯[惯]有的，补充新的措施。

2. 抓小组竞赛，竞(赛)的行试[形式]，不同车间小组，抓生活理□会，通过竞赛，内容明确，发动群众来搞好竞赛。

3. 抓群众性和技术活动，先专题研究，要考虑如何研究，群众活动主要五项原材料及节约。

4. 协作问题，安全卫生，然后在[再]考虑支部和那些行政工会团，抓那[哪]些要根据他们性质来考虑，党政工团要分工干，计□共同点与不同点来抓。

一发，二说，三大抓，以措施决中心，整个工作。通过设有158项建议，有些是中心五项，原而来的是特殊的，基本上是措施，以措施决中心。

5. 抓成绩，客观措施，成绩抓少，但节约帐[账]。

联系合同，科与科，与车间如何赛起来，抓措施要以□科来解决，通过联同来解决问题。

科室，科调，措施要分开，是那[哪]科的，完成本科的措施。

行政抓措施,工会抓竞赛。

赵□:进一步发(动)群众合[和]鼓动群众的劲头。小组竞赛都保证了人来式,现合建行政来组织,竞赛后劳动纪律,保证生产计划的完成。

小组挑战:车间与车间的竞赛更主要,密切,互相保证要求,联接起来,科室没有动,节约是工人的事,采购保管,改善管理,干部也来节约,又[有]必要召开干部开会,科长不动,科员也就没有保证,2. 加强计划性,财务成本要公布,成本降低多少,分析成本降了多少,每月要有总结,一是计算,一是实在最终目的,是在于成本来反映出来,必须要发动科室一切相结合,干部决定一切,管理上不解决,□□指标分类管理,实现持□有保条,根据措施抓成绩来了,巩固周成绩,推动竞赛的发展,一定是实现措施为中心,把一车间实措施要整理推行,发表哪些,谁来实现,插几种,谁完成了自己监督下自己,以批示为主,措施质量,小组都认账。

1. 安全认识,2. 宣传公布生产情况,3. 抓经验的总结来保证完成。

翟一□:管理上的问题,会议制度主要,帆布利用双刀打不下,自己打不行,□了开条不行,锅炉检修,联系合同是次要的,供销科的问题,□□的问题,保证条件,主要关键是措施问题,实现措施的方法:

1. 增约好坏在措施,没有措施办法,叫是不行的,有的车间抓的好,旧的抓的不好抓有二:① 一定检验计划;② 措施,实现汽油需实验,能否偏[编]制计划,能实现或可能没有固定,当前工作,及时审查,措施及偏[编]制计划。内容用不到上边来,解决分级审查,那[哪]些可用措施,节多少东西,偏[编]入到计划中去,以前有8%,2%还没有。实现一方面检查,提合建节约皮子,五段大底的建议要审查,群众的积极性要发挥,技术性的问题,干而扩的分别开技术,和老工人的建议。

2. 实现计划,群众共同实现,厂长亲自抓措施,分类管理。科室车间定期实现,要检查实现,发挥科作用,定期检查□科室协作及坚[监]督。

3. 群众抓,① 各工段每月公布措施计划,挂红旗。② 大字[致]提办法,心中有数。③ 对抓措(施)不坚(决)的要监督,群众心中有了数,会驴的叫。

车间主任的分工,一目了然的措施,过去检验科□势为一致。

1. 审查会连偏[编]入计划分主、急、缓,结果以行动来作,下星期所有的措施合建要分主排出。

2. 发挥技术人员力量和群众研究，目前要节约油，用不同的性质。

3. 方法，① 领导亲自动手，王为主，翟为主，代[带]动副厂长，总的抓合建，推动科室实现必须连会议制度，发挥科作用外，行政制度同时建立。② 群众监督一车间的措施计划。③ 群众执行不同的合同来配合措施顺利进行。

4. 工作加强检查，贯彻连贯制度，考虑二年规划要合并，小组竞赛一季评一次，竞赛条件，要审查，指标要先进一些。条件要一致，要掌握松紧。科室竞赛，实现措施，面向车间，解决具体问题。

车间竞赛季度讲，1. 计划；2. 措施；3. 改进工作，大段组得奖。

1. 抓会议，以产质为主，要全面的完成，先进事迹，比进步快，看基础，小组竞赛加强会议活动技术研究。2. 加强领导车间干部是下来了。3. 主要质量节约，不同行实自己订，抓重点组，日常问题都是过去制度技术，行政技术研究由行政，小组的技术问题由工会负责。

一车间皮子，二车间邦子，三车间外行。

1. 安全生产，夏季除温；2. 生产调整，把二车间编号生产，质量卡片推到三车间，加强管理制度问题；3. 宣传工作，要宣传不要偏[片]面，要全面的宣传，发扬先进事迹；4. 抓经验的总结；5. 思想能力问题，目前干部定额管理：计委同志来负责。技术人员占主要，有些思想问题，对领导上的问题，技术人员的团结，对技术人员批评多，支持少，责任放虚。

行政抓措施，发挥科室干部技术人员作用。

工会抓竞赛，群众技术活动。

团，① 进行教育问题，怎样当模范团员，发挥团员起保证作用；② 监督□。

党，1. 车间工作步调统一安排，多联系；2. 发挥党员的作用问题；3. 抓思想抓些，落后改先进，抓先进，总结及巩固先进，抓领导干部的作用，运动发展中思想问题。

20 号后向总支部作汇报。

二、肃反工作担任下一步工作。17 个组都计设定了，16 号召开第二次报告，进度不平衡。

日期：一九五七年五月二十日

时间：下午三时三十分

出席人：马德海、李连贵、王利民、李瑞卿(早退)，列席(：)姚增培、孙德顺、唐风[凤]仪、老赵、樊东智。

会议内容：一、干部关于学习正确处理人民内部矛盾的计划。二、建立党政工团参加集体劳动的制度。三、关于目前的时间安排。四、批准预备党员转正。五、审干结论。

一、干部学习计划，关于学习正确处理人民内部矛盾。学习期间二个月，五月份学习领会精神，五月底六月结合本部门的工作讨论研究办法(时间每周星期三半天，星期一业务时间二[两]小时)，党总支加强学习的领导书记亲自动手，党员在学习中应起带头作用(补充技术检验，生产合并总分支书记担任副组长)。

二、科长以上的党政工团参加劳动的制度(共 35)，分四批，每周轮流下车间参加劳动一次，时间科长以上的每周一、五、六半天，党政工团星期四下午。

三、关于目前时间安排，星期三讨论，四生产，五讨论，六讨论。星期日——卫生活动，三讨论，四党团活动。

四、批准预备党员转正，优全惠、于恩洪、张鸿芸。

五、审干结论通过陈信正，蔡念春补充认识，由樊科长负责谈话。

日期：一九五七年六月六日

时间：上午八时

出席人：李树仁、王建常、马德海、王利民、樊东智、李瑞卿、唐风[凤]仪、纪硕钰、姚增培、孙德顺、李志增。

会议内容：一、研究六月份工作计划(由厂长传达行政计划，由工会主席传达行政计划)。

工会计谋应补充：关于群众性的活动问题：

贯彻二年质量规划：修改操作规程及计件工资定额。在五月份的节约情况来看，还应在六月份继续贯彻节约煤汽油、布、胶等五项措施，关于改土为大底，全年可节约生胶 9 万吨，可加以研究。① 是否有建立节约小组的必要；② 其次，肃反运动群众性的斗争已大体结束，关于干部问题应由人事科等有关部门研究，干部安排；③ 关于总结经验方面，工会和行政应找专人总结，达到提高干部交流经验。

唐风[凤]仪：传达团的工作计划，建立质量搜[检查]制度，建立青年监督岗(二车间解决油帮，一车间解决事故岗任务)，在边浆部找三个团员，先学习刘志广的先进经验，在龚玉玫组如何合理的使用汽油，主要分普遍抓个人保证，其次抓对共青团的教育。

李连贵：传达组织工作情况，目前尚未转正的预备党员有 44 人，在六月份看该转正的就给转正，有问题的经过教育看情况，不够的就撤销预备期，另外党员和积极分子还要学习建立健全生活会和会议汇报制度。

马德海：关于正确处理人民内部矛盾的学习情况：学习进度在 14 个组看，大部分都按进度学习进行，还有的没完，应在星期一中午补，从出勤情况达到 70%，有 30%还没有学习，还有的学习不够重视，如会计科就有 4 个人学习同时还影响别人，另外有的不愿意学习，有些领导同志不够重视，从学习的深度看不够，有的折名词，不从道理上学习，从全精神上不够全面，通过学习积极要放的干部占 20%，如韩树勋等都要放，有的在会上就放了，如李学先，如党员李敬义闹的较为突出，另外在会上不敢谈，在会后乱谈，如李文生说资方在企业有职无权。下步学习意见：一步要联系实际，研究矛盾，解决矛盾，据上级指示，在企叶[业]是不提倡放，可用座谈会，使要放者到会上放，不要在会后肯后放。关于领导问题，据中央指示，必须书记亲自抓，学习重点，着重大转变等，召开党员干部会议，端正态度，正确对待群众意见，召开干部全体会议，进一步动员学习很必要。

书记：1. 关于总支的集体领导已基本建立，希工会团考虑；2. 肃反运动，群众生产斗争已基本结束，召开党团大会，党团员本身有问题的应向党交待[代]，有必要再给党团员讲一课，交待[代]自己的问题，把正确处理人民内部矛盾的重点也说说；3. 谈谈劳动纪律和职工代表大会，如六月份干不了，七月份也要干，由纪硕钰、马德海准备代表会。

日期：一九五七年六月十四日
时间：下午三时
出席人：李树仁、王建常、李瑞卿、王利民、樊东智、李连贵、马德海、唐风

[凤]仪、李培增、区委工业部。

会议内容：一、研究当前的关于各种反社会主义议论，反党言论。二、关于六月份的生产，质量、节约和经验总结及措施贯彻实现等问题。

马德海转[传]达区宣传部，关于传达□同志的报，另外目前的宣传工作。

首先传达目前关于帮助党整风的问题，闫开始已[以]来已获得了很多正确的意见，但也引起部分右派分子的反党和反社会主义的言论，各单位应向党员及职工作传达报告，不组织讨论，可召开各种不同类型的座谈会，并要及时的给区宣传部及时汇报，应把各种典型的言论及时送到报社。在目前关于帮助党整风引起了各种右派分子的反党反社会主义的言论，这实际上也是一种剧烈的阶级斗争，目前整个情况是右派分子的动态，现在的形势是两头小，中间大，我们要把右派分子孤立起来，几点意见：1. 工厂首先在干部中读报座(谈)辩论事非，看看干部的立场观点是什么？2. 召开各种类型的座谈会，注意党团员的干部。首先要学习好分析每个人的发言的本质性质，积极在会上发言，大胆的发言，另外注意团结中间分子，发言错了，应告诉组长，体会研究方法，结果使右派分子孤立起来。其次，要告诉党不要肯定又不要否定别人的意见，注意分析中间分子的变化。再次在讨论中注意和中间分子不要伤感情，对右派分子的发言错了不要用压力，要采取说服的办法。

研究如何向职工进行教育，首先把几个重点人的发方[言]，如荣子正、董少臣等人的发言学习，星期一开始学习，星期三召开科长级的会议；2. 召开会以后总结经验，召开小资产阶级座谈会；3. 党员小组织党员座谈，以支部为单位，总支可配合掌握(人民的生活有没有提高)。

唐风[凤]仪：重点讨论提高职工的觉悟，对这些人也是一种批判，还有关于党派轮流执政，在工人中的重点是要团支委，青年知识分子，工会干部子女，老工人等五个，星期四纪主席召开职工大会作报告，星期三以前把座谈会结束，星期六党员讨论，下星期一讨论，党总支名誉召开。

2. 目前生产情况，产量能超产 8 000 余双，质量六个品种，完成五，主要是白纲藏的问题，主要二、三车间把油帮子操作等，注意起来就完成，分析一下目前即半月的质量情况，存在的主要问题是什么，上半年的各项指标完成情况，60 万元能否完成，在执行措施情况看一车间执行的交外，应检查六月份执行群众〈的〉提的措施情况。

1. 把六月份的生产关键和迎接“七一”献礼提的更突出些，由行政召开会议，保证完成质量，工会发动“七一”献礼。2. 检查措施，执行情况检查等。3. 关于汽油的节约，还要进一步抓，从某方面也要注意节约，由行政负责搞。

日期：一九五七年六月二十一日

时间：下午二时三十分

出席人：李树仁、王建常、王利民、李连贵、樊东智、李瑞卿、李志增、马德海、唐风[凤]仪、杨伯林。

会议内容：一、关于组织工作。二、关于第二季度的生产计划。三、关于李学先、韩树勋等问题的处理。

(一) 李连贵传达组织工作：

56—57 年下半年的组织作业情况，在上级党委的领导下已基本上完成任务，经初步检查，大部分都具备党员条件，在生产上起了很大的作用，虽有以上成绩，也有很多缺点，如对党员的教育工作等没有很好的跟上。

1. 总支委员会议每周一次，还应定期的或按季度的检查工作，并在总支委之间开展批评与自我批评；2. 每月召开二次分支委员会；3. 七月份要全部解决入党和转正的处理问题；4. 全体党员学习课从八月份开始(会议内容、生活会、生产会、内部大会机动)，会议内容由分支自己搞，会议时间分支安排，总支批准，每周四保证，党团员活动每月由分支自己统一安排全体通过。

二、生产情况：第三季度国家计划 70 万双，七月份日产量 11 000 双，计划 79.5 万双，质量有的品种要提高些，黑力士蓝大球(鞋)。局里拨给三万元开支，扩建试验室，缝纫部增添缝纫机，修理中山路的变电所？

三、关于李学先的结论问题：自十七岁在天津警察分局任伪警察，原因偷自行车被开除，又到□□当□□二个月，解放参军任参谋后入党，在 52 年军队开展整风运动，认为自己过去做过伪警察，如果说没有历史问题，领导上不会相信，结果伪告历史问题，被开除党籍，撤销职务，经审干工作开始和调查已结论。王厂长关于他的入党问题，认为伪造历史问题，首先应由自己有明确认识，另外白花齐开先后提的，如果是在放后，认为完全具备条件(因为现在右派分子正在反党),根据现在情况,我同意见[恢]复党籍。将现在的情况向原党委介绍,说明现在情况,并了解原处分的原因,如果确实是因为当时他伪造的历史问题,但经过审干调查问题已否,如无其他问题,我总支同意恢复党籍,全体委员一致意见。

蔡念春的结论补充认识,不给处分,全体通过。

日期:一九五七年六月二十九日

时间:下午二时三十分

出席人:王利民、李树仁、李连贵、唐风[凤]仪、马德海、李瑞卿、姚培增、王建常、李志增、纪硕钰。

会议内容:一、检查总支工作。

纪石玉:今年比去年在工作上有所改进,大家能互相研究工作,能取得一致,会议制度也固定下来,但从工会青年团、行政等每季度要有明确的中心要求,在这一季度应作吗?总支应提出要求,各部门都能按着中心进行工作,再结合上级局工会的布置工作。另外科室工作搞不起来,党政工团也抓不着头,有些工作确实不好作,科室委员事情太多,没有时间抓工作,从总支提的方向也不够明确,头太多,工会工作也是如此,科室工会就是干不了,有些委员我们不行,下边都是科长,今后应研究。另外总支对检查分支工作,以及总支工作怎么样检查的不够,布置多检查少,如干部下车间,现在已流于形势[式]。另外一车间的关系问题,工会与党、党与行政等。如工会主席张义秀,找基层几要不干,因为工作上有些困难,自己因己[已]超岁,党也入不了,找支书汇报也待答[带搭]不理等,如有一次党员向张汇报,李瑞卿找党直问你为什么不向党员刘宝忠说(车间生产改变配方),党员认为这是宗派主义,一车间的问题表面向好一些,但实际上从关系上确有问题。

唐风[凤]仪:总支工作,首先是从集体领(导),从一二季度基本上健全起来,集中研究工作,比以前有所不同,从步调上也变健全,方向基本上是一致的,在研究每时期干吗?比以前是明确的,当前较差的是思想工作研究提出的不够突出,政治思想工作是任何工作的重要环节,方法不同,但应突出的抓思想。另外还要解决一些不好解决或解决不了的问题,党组织除开党的工作,要突出解决这些问题，对启发群众的积极性有很大好处。关于一车间的事，已很常[长]时期在一个时期有所好转，但目前又较突出，群众或有些党员也有意见，虽然张义秀有些缺点，但李瑞卿本身也有些缺点，另外，对评选先进生产者，群众对他们有意见，李说行（如李学铭、崔克俊、张干贤等），李光说不能发展他，在外边还对我这样，如果发展了更与我对立了，从团的工作上现在对团工作帮助还不少。

李连贵：关于总支工作比过去好了，党政工团步调一致了，能完成了国家任务，但在集体领导方面有些问题，也不说不是集体领导的一部分，但有些个别问题，一直没得到解决。另外，车间安排干部问题也没解决。其次，宣传工作差，总支不抓下边不动，尤其是加强思想教育的宣传。检查工作差，没有定期的汇报制度，如组织工作也是如此。

还有对各组织要求不够明确，尤其对五分支的要求和领导都要加强。

王建常：总支工作有了进步，集中表现步调基本一致，也是历史上大的转变。在工作上布置的多检查的少，分析研究总结工作少。另外在思想工作上抓了，在鸣放的步调，后抓的反右派，针对情况召开了各种不同类型的座谈会。抓生产也较突出，节约五项原料等，另外在方法上有些问题，如科室、车间等，如三车间的大员中工作消极，向[像]高维□、李维生，工作不好，干领导重视三车间。另外，资本家的情况虽掌握部分，但还没有进一步的研究。

李瑞卿：总支工作比去年好了，不过按要求还差的[得]很远，如二季度的工作计划做的较完整，同意大家提的检查不够。另外具体领导还有些缺点，二[两]个支书提意见较重视其他人不够重视，另外总支下结论早，对分支领导应有一套完整的制度和明确的领导关系，我不明确基层工会和分支的领导是什么关系，如把主任调走了，我不知道厂里的领导很多，不知道向谁请求汇报，应该统一规定一下，党分支怎样领导车间，向[像]前些时节约粮食，资本家召开党政工团会（车间会）。另外总支抓书记较委员少。另外发动党员订保证条件怎么订，还有些事先党内后党外做的[得]不够，如百家争鸣，纪主席报告后叫党员讨论，矛盾先叫群众干部，因此使党员落在群众后边。关于党的集体领导应解决恒[横]线和直线。关于整顿组织什么时间开始？关于小纪提的意见，主要是我的方法上有些问题，另外我对纪有些意见，他是宗派主义的支持者，有一次召开会议，出席人少，我提研究签到制度，张不同意，找纪研究，纪给我回答,你得好好和人家研究别命令,我认为纪是偏听偏信,因此是宗派主义的支持者,唐风[凤]仪也是偏听偏信。

樊东智:从咱们的工作上看,前是做出提纲,叫支委员研究事先准备,另外总支如何抓汇报,如何抓全面工作,应有定期的制度,使委员们都能够叫知道,关于思想,对职工的思想教育的少,不能很好的抓职工情况。总支委员之间开展批评差,从各分支的情况看,有些事不应叫分支知道,就不能直接和分支联系,车间主任与分支书记的关系问题,书记应帮助主任,不要光挑事。因为生活会少,对同志帮助不够及时,总支委之间互相帮助,应抱着治病救人的态度,别参[掺]加自己的成分。下边有些人还有分家思想,咱们干部是否也值得考虑。

王利民:总支集体领导比前有改进,党政工团的步调好多了,但缺点:① 总支开会扩大的太多,工作直下;② 重点抓和思想步调一致,重点抓的不够突出;③ 一车间不团结的问题我和书记谈过,应抓但也没有抓;④ 对宣传工作领导的少,如广播站总支是否突出的抓了,推动组织力量,利用宣传页等;⑤ 总支委员的定期召开生活会少,经常互相开展批评;⑥ 总支委员对分支要有分工,分支有问题好找头,集体贯(彻)工作也有好处。

李瑞卿:关于汇报,头天区委员汇报,第二天又要书面汇报,关于分工讨论李志增到我分支的事不太适合,因他党内无职务。

李志增:从总支来看,贯彻集体领导,但有些会议事先准备的不够,总支书记首先提出意见的较少,大家讨论没有中心,关于思想工作抓了,但抓的不够,对下边的情况知道的不多,没有深入下层听各方面的情况,对科室重点抓的不够,因此,对干部的情况掌握不全面,有的该抓而没抓,对分支的集体帮助不够,对分支应抓什么给他集体方法给予帮助。

姚增培:总支对分支如何帮助是比较差,从李书记来,还有些方向,以后由于开展运动后就不搞了,由于自己方法少,就不知道怎样工作,在干部思想差上认为领导上偏听偏信,不深入下层,不管对不对,就批评,往往有些问题提到厂长书记时解决就快。

马德海:认为党总支不务正叶[业],抓的别的部门比较多,如二车间孙德顺就是一个例子。

李树仁:认为总支第二季度主要工作抓住了卫生、肃反、生产等抓的都

(是)主要的,关于总支贯彻的二季(度)工作计划,不够彻底,大家把成绩肯定了,会议制度健全了,但从质量上还不够高,应提高会议质量,工作研究组些抓(①)政治思想领导;② 另外党内的民主生活有些问题,今后应广泛的开展批评;③ 工作总结中,由[尤]其是行政总结没有提出总支如何领导的;④ 总支抓的会议事先是没有准备或提前下提纲,同志听也应提事情,提前拿上来给大家;⑤ 对资本家和技术人员的工作做的[得]不够;⑥ 分家的问题(即四厂大中华等)工人是必然的现象,在党员中不应有;⑦ 同志的日常批评较少,随时有意见就可提;⑧ 关于分支的工作范围不明确,总支和工会是什么,分支也参照大体作,就是这么个关系,分支方法应注意;⑨ 下次会议各部门提出总结和七月份工作的大体安排一下。

日期:一九五七年七月十一日

时间:下午二时三十分

出席人:李书记、王建常、马德海、樊东智、李连贵、李瑞卿、纪硕钰、唐风[凤]仪、区委刘玉岭。

会议内容:一、关于上次大家对总支的意见,总结概况。二、关于区委布置的第二季度工作总结。三、关于评比工作进行情况。四、关于党员转正的批准。

一、李书记传达区季度工作计划的总结,二季度工作主要是开展增产节约运动,开展的单位逐渐增多,领导竞赛的有 81 个单位,占总的单位的 45%,中间的有 53 个,转差的 4 个单位,总的来看成绩很大,在全市可能是第一,主要原因是:1. 由领导下了工夫,克服了官僚主义,如领导下车间等,特别是学习了主席的报告,使领导工作得到很大的转变;2. 领导能深入(基)层解决问题;3. 能抓住生产关键;4. 注意了政治思想工作;5. 巩固了劳动纪律,加强了对职工的劳动纪律教育,但缺点是事故多。存在的问题:1. 有的单位原料不足;2. 部分单位产生了自满情绪,放不下架子;3. 对合建工作处理的不及时,奖励的不及时;4. 部分工厂有闹事的现象,原因:党政工团步调不一致不团结,工人不觉悟等原因很多;5. 有些厂对思想工作重视不够。

第三季度的工作安排,现在提还是开展竞赛,不叫高潮,此时总结上半年的工作,迎接今后的竞赛高潮,作好评比,加强学习,改进领导工作作风,克服官僚主义,做好四季度的工作准备。

一、1. 开展竞赛,作好总结。主要是检查质量,市委指示,质量只许提高不准下降,今年有的质量还不如去年,应找原因,发生那[哪]些事,看看市场的反映,并应制出措施,如果是因为原料的原因,应注意保持产品的名誉,其次,检查思想是否有不重视质量的现象。2. 检查管理工作。3. 检查小组科室执行保证条件如何。4. 检查集体领导如何,党在运动中的作用如何,集体领导都解决了那[哪]些问题。5. 检查对群众生活关心的如何。

二、评比奖历[励]工作。党要加强领导:1. 要充分发挥民主。2. 注意巩固先进生产者的成绩,防止掉队。3. 作好四季度的竞赛准备工作,在九月中旬或下旬开展竞赛高潮。4. 加强对职工的正确处理人民内部矛盾的宣传教育工作,领导干部克服官僚主义,根据市委下发的精神改进领导方法和工作作风,加强研究私方人员的意见。注意安全卫生工作:领导继续加强生产学习技术。5. 实行职工代表大会。其他:关于职工福利等要解决,组织会议的表报上来,总结要作。

王建常传达局里的工作计划:总结上半年的工作,布置三季度的工作:一、上半年的工作是根据全年任务,上半年完成的[得]较好,产值超过了三百多万,共 12 个单位都完成了计划。由于节约了各项原料,克服了原料不适的困难,但也有缺点:首先是新产品花样试制的多投入的少,劲头不如去年大。2. 质量不够稳定,有的不但没提高反而下降,提高质量不如增产节约筋[劲]头大。3. 技术基础性的工作,贯彻的不好。4. 质量和节约结合的不够。5. 措施投入和落实实现的不好。6. 增产节约原料不好,供应不正常,配方投入生产造成事故,等级次废品,思想工作的很差,过分的强调困难,以上这些原因对局的领导关系很大,开会过多,局与区口紧[径]不一致。

第三季度的工作要点:1. 深入开展生产竞赛。2. 进行质量检查和分析工作,组织质量访问,上级技术人员参加。3. 根据质量情况,改革牌号,保持名誉,一等品比二季度提高 2%—4%,提高工人的技术。4. 加强新产品的试制和研究工作。5. 检查增产竞赛情况,准备在八月份开展质量竞赛,第三季度的总产量要达到 78%—80%(会计),三季是 26%,利润累计 84(%)—85%,煤节约 500 吨,汽油节约 15%,帆布单耗 0.91%,组织同工种同产品的活动向先进看齐，制定合理的蓄备定额，资金周转加速 0.11%次，加强技术和定额管理，制定定额管理，建立小核算，改善公私关系，如对资方的摘帽子、福利等，防暑降温工作和防汛工作，降温要组织检查，化硫 36°，锅炉 38°，刮布 38°(排化)，她[它]食堂管理职工吃好，作到无品，提前作好防汛、防雨工作，加强职工的思想工作，领导干部主动下楼，克服官僚主义，领导干部下车间在一二[两]年内学习好专门技术。防汛工作，等尚局召开会议，这二[两]年的雨水较利[厉]害，厂里要组织防汛组，对漏雨房子，加以检查修缮，防汛指挥部在大直沽电话 34478，水情 31871，在工厂将干部勤人员组织起来报到区防汛指挥所，50 人为一队，防汛具[器]材整顿好报局(7 月 5 日的日报，257 期市政周报)，对物资要求管好，院里下水道地沟准备好，雨后的运输问题，职工上下班，原材料供应问题，接到市的通知要值班问题，各单位要互相支持(30298 局电话)防汛专用。

纪硕钰：市工会的工作布置，要巩固红五月的成绩，不搞高潮，总结红五月的经验和二季的评比，检查措施和质量，现在的评比情况时间怕不够，有的才名[在]酝酿，但条件有的掌握不够严，群众对方法很满意，主要是条件问题，一车间三十来个，中有十几个有问题，八月份抓总结推广经验，加强小组领导，培养组长等，质量检查工作安全生产降温，群众生活问题等，研究竞赛里〈的〉没有解决的问题。

唐风[凤]仪：团的工作，三季传达团代会的精神，科以上的教育功课，抓团组，抓重点组和团员保证条件，团的日常宣传工作。

李书记：关于 8—9 月份的工作，由行政工会团党分头拿出初步意见，下次会议通过，星期四以前碰头。

根据上次大家提的意见，提出了七个问题：集体领导，1. 每月底把本月的工作进行一次检查，在此基础上安排上下的工作计划和〈安排〉逐个安排(根据问题的性质)，为了做好会前准备，提前写材料，必须提前交换意见，事后应写出执行情况的汇报。2. 总支委员应每月安排会议内容，还有急事可增加临时会，或改变会议内容但提前通知大家。3. 每季大检查一次工作，着重放在党的政策执行情况和思想开展批评。4. 每季度写出工作总结，总支汇报党员的交待[代]。5. 加强职工的思想领导，每月有一次专题研究职工思想情况。① 在布置工作中应考虑可能发生的问题；② 工作总结应有思想情况的分析；③ 除以(上)二项外，在日常工作中积累情况；由总支组织成小组，作出初步分析,在[再]拿到总支委会。6. 党总支委除负责本职外,应负责具体领导一个分支。7. 为了提高会议质量,应提前做到充分的准备,有决议有分工有中心,事后有检查,有汇报,有总结。建全会议制度,改变领导方法,提出以下意见:

① 每周党政工团应集体下一次检查工作,听取意见,解决问题;② 每周工会书记一次接见群众;③ 每周参加集体生产一次(总支委);④ 改变一般干部作用问题,加强工作安排;⑤ (重点检查自己和本科)。

补充:

马德海:关于下楼问题,光这几项,还不能解决问题,应看一下目前我们厂里到底存在着什么问题,哪些问题应解决,关于全体干部提出报告后,反映很好,有些要求讨论,是否有必要讨论结合检查思想自己和本科(用工作时间)。

纪硕钰:我看这个制度我同意,可以坚持,组织干部讨论应注意鸣放。

王建常:关于工资问题,可以给解决一部升一级(在 8 月份开始)。

李瑞卿:我认为这儿很好,关于分支分工,领导希望早日下去,关于党政工团的下去问题,我看有交一些,多了怕坚持不住,总支的集体领导没意见。

纪硕钰:下车间问题应研究,是各车间还是学技术?与干部公开(组长以上)。

下星期开始执行,本次会议研究三季(度)工作要紧和质量检查进行情况(19 号),掌握的精神原则。关于李连生开除党籍。

# 1958年会议记录

时间：一九五八年一月十七日

所有工作，有的单位对中央的精神不明确，（有）的坏分子和反革命分子下放也带上光荣花，没有给介绍情况，选为生产队长。

没有参加肃反的补课。

对我厂要求补课，应结案的结案，应处理的处理，排队发现有问题的出去调查，单位要有专人负责，注意应补课人的活动。

刘亚书记宣达工作：

（一）整风运动今年在经济政治全飞跃发展的一年。

15年干[赶]上英国，优先发展重工叶[业]：

我明天要成化学性的成[城]市建立煤气厂，平均每户二元五角，问题必须贯彻，整风为纲。

1. 二批整风着重检查大胆不大胆，领导亲自动手专领鸣放，将来要来个技术革命，要红要专，为达到整改彻底发动群众检查，在整改福利问题，要通过辩论，不但抓西瓜小问题，应该进行解（剖）。

2. 二三批整改结束后，把反右考虑进去，作好准备。

3. 各单位作好反右斗争的材料。

4. 每个高级干部进行以火烧力的精神烧掉缺点，通过下层给指意见，在春节前开始。

（二）生产高潮。

尽一切力量，在产量上完成24%，通过发动群众掀起整改高潮，天津市的劳动力还差6万人，特别今后加强技术工作，提高劳动生产力，今后要召[招]收新工人。

（一）、进行社会主义教育。二、基本建设任务。三、选举工作在基层选举人民代表，三月份完成，给民主党派进行鉴定。四、卫生运动。五、动员还乡，要求团员起代[带]头作用。六、调配房子。七、改进体质，精简机构，有六个局。八、加强干部工作，整顿党团组织，第一季度下放完，干部五年要学会企叶[业]管理，上半年进行整党。九、宣传工作，在春节前要宣传。卫生运动，拥军爱民。十、公债，节水雨区问题。

关于整改问题：

唐：我们抓方(向)还是对的，还有一点抓的不好，核心组抓的好，组织报告的好，我几个□出的好，方向明确。

最近有个问题，怎么样建立根本制度，解决质量问题，要解决质量问题，要解决技术问题，生产接作，通过这个建立一套操作规程。

李书记：目前的抓法是对头的，在解决质量问题中搞工艺规程，但有的小组还没有体会深，三个车间汇报中明确了。从整改看，上下结合有问题，会议质量不高，劳动纪律中间跟的不好，我们现在不是建立劳动公约而是打基础，在群众影响很坏的抓紧处理，对一般的不处理或轻处理，我叫对那些违犯劳动纪律的群众提出很多，很多应当表示个态度。

提质量责任的小组已落后车间，他们搞了工艺操作规程，不明确和车间结合不起来。安全维护光搞维护的事，没有与车间结合。

质量责任今后怎么抓。① 质量指标在小组是多少，应有根据，在 57 年的质量和 58 年质量要求，检验工的质量指标，生产科把质量责任的办法拿出来，车间讨论应负那[哪]些责任，工会团搞个展会。

目前中心，生产责任，工艺规程，以后搞下达计划，提潜力，原料消耗，原料供应都有很大的潜力，制定劳动公约。

人事科，把个别人的材料整理出来贴大字报，引导群众继续鸣放，召开各种类型的座谈会，老工人，小组长，提出劳动公约草案。

原动车间，动的劲头不大有些情绪，有的说检查嘛，检查完了也不行，光检车间的不检查科的，老韩工作作风有问题。

窦常和说整风也解决不了问题(。)

党政工团的力量不强，有必要扩大核心组的力量，工人意见很多，他们希望总支召开座谈会，准备这样作，让老韩作下思想检查，王大权说提出质量问题是否工人情绪会低了。

1. 目前二、三车间搞质量责任，工艺规程，到月底搞完。

2. 一车间安全质量到月底搞完。

3. 科室正常化月底截止。

2 月 1 号下达计划，讨论一个礼拜，下达计划和劳动公约，在春节前搞完。

三月份计划小组编，召开干部会把精神谈一下。

质量责任要求，分清责任，建立制度，质量指标到小组。

对资本家也要烧烧，我们党员干部也搞搞他，不负责任，让资本家组织去搞我们对他赛点，在群众中咋交待[代]。

技术维护科有问题，让他们精简报表不行，让他们作检查。

## 总支委员会

时间：一九五八年一月二十四日

在 411 厂来的第一次，二三十人在 27 号上午 8 点入车，厂长讲话，党团见面，到车间参观下，组织小组讨论是否愿干？第二天正式讲课，第一讲工会讲，一个小时到二[两]个小时，下午第二课，生产目的性。29 号讲安全技术，下午针对思想情况人事科作小结，晚上生活会，2 月 1 号开始生产。

私方人员参加整改。

翟已写出检查材料，我们领导上看一下，会怎么开？还乡工作我们从下边怎么动起来？

科长干部如果面广的在广播站检查，面不广的在科室检查。凡应检查的划分小组检查，然后在群众中检查，私方另组织，对私方人民先小烧一下，提提。开个参加检查人的会议，怎样检查自觉的去做检查。全厂检查的生产科、技术科、行政科、白大夫、赵忠良、杨金和、保卫科。

1. 27 号召开全体党员会，三点，六点，还乡，检查，整改，除四害，讨论国家计划，党员交朋友。党员交朋友问题：资方和右派不能交朋友。

2. 老工人起作用大的，改变他们的政治态度。

1. 交中中，目的是让他们靠近我们，中左也拉着。

3. 发挥他们的积极性。

4. 密切党群关系。

## 总支委员会

时间：一九五八年三月三十日

会议内容：研究五八年下达计划

日期：一九五八年二月八日

时间：上午八时三十分

地点：总支

出席者：李书记、李连贵、李志增、老池、老窦、马德海、唐风[凤]仪、樊东智、老路(。)

会议内容：1. 目前各车间当前情况和当前工作。2. 此年经济建设意见。3. 传达区委第一季度工作计划。

老池谈：三车间情况：为了巩固运动的成绩，需要总结运动的成绩，给中层干部指出下一步的工作方向，从目前我们运动开展的劲头很足，有80%的小组都能完成任务，在节约方向也很突出，在领导方面干和铅[钻]的劲头不一样，另外重视产量比重视质量高，从目前的质量问题还不少。在一方面节约搞的不够明确，怎样节约，节约什么，如煤水电等，在发动方面件工比计时工劲头大，工人比科室干部劲头大。

1. 下一步应在群众里反运动深入一步，要把干劲和钻进[劲]结合起来，产量和质量结合起来，生产和节约结合，具体方法应指出运动的目标和方向，生产高潮。① 群众情绪高。② 方向明确目标明确。③ 组织工作。需要钻的如工偏刷边浆，大梗不剪，贴海自动轧滚轮，54型后跟不轧花轮，流化硫改盖可由二车改为三车，做鞋的改使劳动组织学习大鞋的几个人一组，铝的主要问题明确目标指示要求。

2. 小组会由下期起不天天开，影响了工人的情绪，小组应过生活会，有些组长也要求过生活会，互相检查巩固保证条件，通过生活会可检查挑夜战书，或适当的修改更能保证实现，通过这一工作放大工人眼见。

3. 搞些其他活动，如经验交流，专业会等活动，这也是竞赛的组织工作，积极分子活动多些，减少工人群众的活动。

4. 管理工作，应搞一个初步的1958年计算(下星期一搞出)。

5. 对科室和各车间的要求，原材供应必须要充足。

6. 三车间干部要开刀，由[尤]其是于主任，如于恩洪小组保证条件1 040

双，于主任只给1 020双就不给了，搞的组织情绪很低。

唐风[凤]仪：有75个小组挑夜战，21个小组产质量有所提高，从各小组情绪看情绪很高，但提高的不多，从今天开始，(1.)梗子减少剪的工序。2. 边浆工偏能解决质量。3. 套楦减少、力士，跑鞋不穿带。4. 流从改曲形挂鞋杆，可增产50%(估计)，还节约汽。5. 在同一种竞赛开展技术交流。

下步工作合建，技术交流，浪费这三个问题需要研究。

樊东智：一车间的干劲已起来了，但钻干不足，从一车间的领导干部追质量的劲头不如追产量的劲头大。下一步研究，不采取大会小会等形式，专题讨论结合改进配方，节约橡胶，和解决撕条。一车间工会的主动劲头不大。

李书记：同意大家的分析，全厂总的情况，干劲都很足，下步工作从现在到春节，应干这四项事：

1. 开展以质量和安全的一周赛，在巩固质量的基础上提高质量，揭发浪费，揭发质量，揭发安全上存在的问题，在赛质量和安全的基础上，给建立质量制度和维护保养制度打下基础。

2. 进行全面测算，在测算的过程中和各项措施人员的平衡，结合起来，确立机器和人员的潜力，最后调整，在这周行政干部要测算出来。

3. 组织工人开展专业性的小型活动，总结经验，学习经验，开展合建，基层工会组织，并向外厂学习。

4. 各小组开展生活会，解决小组里存在的思想问题，审查小组挑应战书，不适当的可修改，建立小组保证，春节前搞一周，以后可以二[两]周检查一次。

以后的全面情况应由老池同志掌握。

现在技术科室跟不上，工人意见很大，维护科做的较好，节省人放那[哪]，人事科应掌握。

路：干劲大铅劲小，现在抓住研究赶上去是对头的。应通过测算找出厂子的关键问题，使领导心中有数，厂子搞的好与不好中其[其中]有这一条。组织专员鸣放，如何引导不参加会，也能作到，专题鸣放，是否考虑一下竞赛方案。

工人专题研究五把技术工人组织起来一起研究。赛质量是对的，这样提法是否有问题。二月底把整改工作，结束[合]起来，怎样结合起来，浪费问题。

和老帮助问题：

领导帮助小组解决困难不认认[单单]要材料多。

二、58年国家经济建设公债(李连贵)

认购要求时期最迟不超过二月底,要求亲自动手,市建立公债委员会,方法合理分配,一次认购,分期付款,到十月底为止,认购时先党内后党外,群众由领导做动员报告,全组认购,认购数25 179元。

建立认购公债推销分支会。成员:纪硕钰主任,王建常主任,马德海主任,翟志鸿、杨伯林、李瑞伍、杨竹筠。

日期:一九五八年二月十五日

时间:上午九时零分

出席者:李树仁、唐风[凤]仪、李志增、池忠鳌、窦宪素、马德海、樊东智、杨金和、孙德顺(。)

会议内容:1. 李书记传达立三同志的报告。2. 开门红春节出勤回家工作。3. 党员交朋友。4. 测算。5. 先后工作。

李书记传达关于整风工作目前情况:

1. 整风的工作还是刚刚开始,下一步工作还需要进一步的研究。

2. 还需要进一步鸣放和开始全民性的大辩论。

3. 这次整风主要是干部,通过整风加强干部与群众的密切联系。

5. 关于生产高潮还在后边,现在是生产商上半年是整风高潮,最主要的是在下半年的技术革命高潮,但需要深入发动群众,在三月份主要是搞产质量,在3月15号,就要给开展大辩(论)做准备,今后工作:

发动群众,加强行政管理,揭发浪费,搞质(量),发动技术人员开展技术研究,全面跃进应注意多快好省。1. 另外打坏常规注意,职工回家,注意出勤。2. 春节要搞好各种活动。3. 党员交朋友。4. 依靠老工人和青年积极分子。5. 第四季生产计划要完成全年的22%。要注意春节前后的安全生产和提高革命警惕性。

一、回家工作,目前正在开始宣传和正在摸情况,春节动工组织具体活动,初三有100我准备下乡,开门红今天和明天发动几各[个]组保证出勤,宣传内容很多,国际形势,中苏友好,公债,节后初六开始,到三月份五号完全结束。

应把节后工作向群众说明，叫职工知道节后有这么多的大工作，召开座谈会（由工会团召开），节后要提出比产、比量、比出勤，可以用巾旗等形式看谁优胜。

一车间三、二车间四、三车间六，动员由工会办理（旗）。

党内交朋友问题：对一般干（部）、党员干部的要求和群众搞好关系加强团结，车间干部由车间作，各科室的由党员干部作，团内也研究一下。

公债问题：领导干部先认购。

节后工作，搞质量反浪费。

1. 开红；2. 公债；3. 3月1号正式赛。

3月初—15，揭发浪费，研究措施合建。

领导检查，在整改中的问题都要解决。

节约价值大的先研究，如帆布利用率问题。

日期：一九五八年二月十六日

时间：上午九时零分

出席者：李书记、王厂长、李连贵、马德海、窦宪东、唐风[凤]仪、老池（。）

会议内容：1. 王厂长传达局里布置工作。2. 基建任务。

1. 王厂长传达吴砚浓同志的报告。

2. 积累资料准备在五月份指出了生产高潮。

3. 以老技术工人组织研究搞。

4. 加强政治组织工作，把高潮推进一步加强供销工作。

5. 生产高潮起来后，各项经济定要改变。

局里意见：今年的方针任务：

反保守反浪费开展高潮，加强管理，加强责任制，克服无人负责，基础要全面的搞，反浪费应搞深搞透，措施应分项目掌握，属于技术的技术科管理，属于生产的由生产科，属于节约的财务部门管。日常工作在一月份完成的不好，六个公司都没完成计划，总产量，大中华第一季度，350万（最低数），注意安全，加强安全教育，开门红，春节间要注意防火、防盗、抓生产等。

二、基建任务。经过四次测算确定 580 万,全年生产纲、力士球,各占 50%,劳动生产率决[绝]对 300 和利润完不成,成本降不下来。

58 年计划,决定建年产 700 万的车间。

日期:一九五八年二月二十四日

时间:上午八时三分

出席者:李树仁、马德海、窦宪素、李志增、唐风[凤]仪、池中鳌、樊东智、李连贵、周文荣、韩耀明。

1. 目前企业整风情况,全国已有 800 万职工搞起来了,在开展辩论,只有一部领导干部的思想检查还没进行完,在发动技术人员、老工人、中层干部还发动的不够,有些厂的问题还没得到解决,如福利制度等,今后要加强各种管理制度。

2. 整风运动是政治上、思想战线上的革命,是个历史任务,教育全国人民改变领导作风,使政治和经济相结合,使干部向红专的方向发展,更好的[地]贯彻群众路线,要把苏联和我们的经验搞成一套完整的管理制度。

3. 开展反浪费反保守,他[它]在经济上政治上都有一定的作用,提高干部的工作能力,提高职工的觉悟,这个运动也要大辩论。① 宣传 15 年赶上英国,找出浪费给群众指出方向,要反掉三大主义,树立社会主义企业互相协作,加强团结;[。]② 开展个人与国家的财产的态度,如公私不分要批评,不合理的工资要宜[适]当的改,大家可以辩论,如定额劳动纪律等,民主集中也可辩论,最后可订立公约,干部可辩论,红专问题用实际和理论相结合,反浪费,反保守在三月份做完。③ 反右派。④ 全面规划进行安排。

彭真同志:整风要搞到底,党内要搞资产阶级思想,民主集中制是我们的群众路线,要和群众商量,要达到厂长与领导干部和工人是分工问题,不是领导干部高,经过整改变领导与被领导的关系,整风改变人与人之间的关系,要使生产大发展,从前整风主要是反领导的三大主义,现在反浪费反保守来进一步的把落后职工发动起来,工资不合理,以后可适当的增或减。

朱副主席:要发展工业,必须工农业并进大发展,农村要使用机械。

浪费有三大原因:一、领导干部有三大主义;二、技术造成;三、工人违反劳动纪律操作规程,要改变领导关系,今后反浪费要发动群众贴大字报等。

还乡问题:适当放宽一点,主要以街道来搞。

咱们的目前工作主要是以整风为刚[纲],反浪费、反保守、生产高潮、贴大字报。

区黄书记:1. 要打掉领导官气,务[暮]气,揭起反浪费的高潮,这次的反浪费运动是为了更好的完成58年的计划,反浪费的中心,我们要发掉[反对]各方面的浪费,打掉三个气,打掉保守,改变领导作风,也可能大鸣未放或专题鸣放,干部要大胆的发动群众。

2. 反动[对]要大要新的资产阶级思想,通过反浪费提高58年定额,在三月二十日结束。第一步发动群众大鸣大放,第二步开展辩论,找原因把问题分类排队解决,抓住主要关键,也可以用挑战应战。展览会,小组出课题,可组织青年突击队,清查仓库,反对本位主义,在发动群众揭发问题,可以建立制度。注意问题:加强宣传工作,领导干部要有决心,要亲自出马,引火烧身,不要急于追责任,要把责任按[安]到自己的身上,反浪费和生产结合,不要抓一个掉一个。

今后工作:1. 组织领导,以整风领导小组改为反浪费领导小组。2. 时间安排是够用,现在主要是准备工作,尤其资料准备,另外还要先党内后党外,在一号以前作完,到二号至三号召开大会,最重要是和生产相结合。

大体方面思想:1. 准备;2. 发动;3. 建立制度巩固。

(此会议记录无时间、地点等的说明——编者注)

李书记:反保守、反浪费和生产结合整改没有完的,继续改,三月中领导干部的检查结合起来。

加强生产调度,质量问题能执行的执行。通过反保守反浪费,先从干部中搞通,各科、车间先作下报告,解除顾虑,还将召开骨干会议,召开大会全面揭发。

辩论问题根据厂的主要问题。主要个人与国家的利益,劳动纪律,定额问题。厂级建立小组人的问题由人事科管,技术问题生产计划科管,浪费财务科管,有一个周的时间,全面揭发完,发动群众工会作,领导是我们这些同志,行政上组织一个小组,党工团组织发动群(众)。

动员报告词,设计、配方、劳动组织工时浪费,操作过程,这次着重把干部搞搞,先让他们指,思想工作跟上去,支持正□,建立制度,车间领导干部有些意思,找个时间提出。组织群众进行各项比,由工会负责。宣传工作由马德海负责。鸣放分类排队由李志增负责。关于辩论的题目由纪硕钰、李志增作准备。(星期三上午 8 点 30 分继续开)〈。〉

日期:一九五八年二月二十七日

时间:上午八时三十分

地点:总支办公室

出席者:李树仁、王建常、马德海、窦宪素、纪石玉、池忠鳌、李连贵、唐风[凤]仪、樊东智。

会议内容:一、研究如何开展反浪费运动。

李树仁:26 号购公债,27 号召开全体职工大会做(动)〈员〉报告(反浪费反保守运动),由王厂长做报(告),训练骨干在会前一个小时,会后一个小时,在一号掀起竞赛高潮,组织小组讨论,工会组织献礼召开展览会广播大字报等,在报告后跟上,以后结合前时的鸣放开始辩论,辩论不要多,要深要透,并要成立专门小组,专题研究工作,在做辩论的准备工作时,再叫职工讨论一项生产高潮,开始小组竞赛,同时开展大辩论,辩论到中期(下月 15—20),抽上干部检查,一方面中层干部检查,另外把各种群众提出的意见,向群众作一个交待[代],在交待[代]时群众不满意,还可以贴大字报,到三月底、四月初整改基本结束,在三月底要开始反右派斗争。

池忠鳌:反浪费的口号,反浪费反保,比干劲,比钻劲,争先进,从动手个人揭发,对执行多快好省做一次大检查,要求做到产量高质量好,揭发浪费彻底,办法多效果大,通过大会组织小组互相挑应战,关于展览会的地点就在院子直到食堂为止,那[哪]些小组有那[哪](些)浪费,随便往外摆,群众展览不举形式自愿展览。在团里组织青年突击队,有关上级各机关制定的各种规章制度造成浪费的,组织职工用大字报送到机关贴上,在发动干部和职工时应注意打消顾虑,特别要抓住干部带头贴大字报。

分工,行政负责汇总,大家的意见,分析研究解决,解决问题时间时建立制度，工会负责组织职工活动(献礼等)，宣传工作老马，大字报由李志增、党团配合，团组织青年突击队，辩论内容工会人事科准备。竞赛中心产量、质量、节约、安全。大字报统计问题，各车间由整风办公室负责。专叶[业]组，由各科的科长、矿(原文如此——编者)、李连贵、韩耀明、李志增，由厂长指导。

日期：一九五八年三月六日

时间：上午八时四十五分

出席者：李树仁、李连贵、李志增、马德海、唐风[凤]仪、樊东智、黄国祥、王建常、王从仁、孙德顺、池中鳌、路俊升、翟志宏、朱之熊(。)

会议内容：1. 研究反浪费的中心工作及汇报目前活动情况。

一车间：自28号召开大会以后，我车间讨论二次，大家感觉有些没词，有的同志提出"以前我们提出的这次还提吗?"这说明群众的劲头不小，是领导不解决问题，以前提的到现在也没解决，另一个是职工心中无数，没有把经济帐[账]很好的[地]跟上去，其次宣传工作，没有很好的[地]跟上，再有核心组成员方向不够明确，还有的小组个人揭发别人较多，自己的就不揭发，针对以上情况，准备这样做：

1. 召开骨干会明确方向，同时召开职工座谈会，摸情况，反映出的问题是领导不解决问题，同时召开职工大会，说明了目前领导已分头下车间，并把浪费的情况向大家作了算细账(下大底规格，掌握不准)，通过大会，职工比较重视的是指关键和领导下车间，今天继续讨论，共提出105(件)(技术科80件)，处理的车间17件，技术科40件。

二车间：从报告后讨论二次，从小组提的内容，主要是检查本组，每组提出的问题10来件，讨论时有的同志认为没有办法，另外，以前我们提了很多次，这次是否能解决，如曹德明说，八级风要经常，又如程长天说：狗改不了吃便，我们又召开了组长会议汇报情况，有些方向不明，责任应该分清，从讨论情况来看，提出的问题大部分是过去提出过的问题，这次又提出来了，昨天我们召开了骨干会，在党团员中也有这种思想提出后是否能解决，我们准备把自鸣放到现在提出的问题处理作一总结，向职工说明，要求职工自己主要[要主]动的[地]去解决，不要光怨领(导)。另外职工还有些瞒[埋]怨情绪，开会泡时间,应对宣传工作也没有很好的跟上,共提出 114 件。

三车间:我车间共讨论二次,情况不够平衡,好的很好,如于恩洪,[、]郎金风等小组很好,不好的表现有些顾虑,如于恩洪提出吃奶问题,群众骂他,2. 表现事不观[关]己。3. 问题解决不了,东西我们拿出去,还是我们自己拿回来。共提出 505 件,属我车间 204 件,我们针对这些分成六个大类,由专人审查,进行分析,同时召开老工人座谈会,分类。1. 原材料浪费;2. 生产;3. 职工福利;4. 质量;5. 经营管理;6. 工时浪费。在处理问题时分清属于那[哪]部门的由那[哪],经计算价值 51 898 元,最大的质量,其次是工时和原材料(不包括突击队摆),我们采取的方法是能计算价值的尽量算出来,另外,我们还要做进一步的发动,首先领导要引火烧身,领导带头鸣放,带头揭发,打消官气、暮气等,要解决一团和气,有些段长级干部,对厂长敢对主任不敢提,怕以后给小鞋,今天准备解决边浆不齐和白鞋藏,推广二使刷浆法和白鞋的品种专业化,卫生条件好的做白鞋,不好的做黑,今天我们召开大会,向群众作检查,打消官气、暮气,给指出浪费方向:1. 质量;2. 工时浪费;3. 原材料(鞋套破,大底板,手套,汽油)。从小组情况有的很好,如边浆翟出贵、冯万有组等。首先揭发自己组,同时还想些办法,大家最大的问题是以前提出到现在没有解决的,气喷最大,在今天的会上专门解决,很长时间没有解决的问题,同时要打消群众怕惹的顾虑。在思想情况看,青年比老年劲头大,老年和青年这不复[服]气,今天准备召开骨干、老工人座谈会。

老池:根据各车间的情况来看,反浪费反保守运动已基本形成,如突击队的活动和宣传工作,我认为一车间的情况来看比较好,从科室看技术科较好。2. 我们在抓思想比大跃进的思想抓的较及时。3. 领导干部下车间和职工一起解决问题,能问题解决的及时,如车间问题解决不了,因为权限问题,车间也确实是有些困难,在几个车间来看,一车间较好,另外科室还要进一步发动,要教育他们引火烧身,带头鸣放贴大字报,另外还同意各车间再做一步深入的发动,以车间为主做补课性的发动,可以提出比贴大字报的件数,下一步要工人结合下组和专人共同解决问题,车间可以有个专业人负责处理,展览会要很快的开展,献礼台取消,突击队要和各方面结合。

纪硕钰:这次在工作方法应引导成随揭随解决,这次运动要解决三方面:1. 领导官风;2. 技术人员,管理人员,依靠群众;3. 职工的责任心,特别强调边揭发边解决，这样瞒[埋]怨情绪就少些，这样能使人们动手解决问题。人人动手，杜绝浪费。

王建常：运动是形成了，从揭发问题已有 1 000 多件，但我们存在的问题也不少，首先，批评领导引火烧身的劲头不足，从工人来看，劲头有好的有坏的，在干部的劲头不足，我提议在干部里也要补课。

纪硕钰：问题要求得[的]彻底解决，要牵涉到下层权利问题，是否可以把一些权限放一下，现在有些很典型，像会计科仇万顺提出有些开支不合理，如能权利[力]下放，自己就可解决，雇两人员工工资，北京营业问题的被褥，局来人嫌脏，向外租借，车间有些问题也是不能解决，如小组提出一些问题，下组干部及时帮助解决，这样可以解决问题及时，可以研究一下权利[力]下放。

路俊升：从目前情况来看，运动逐步开始形成，中心问题还是发动群众，从现在来看，群众是动起来了，但动得还不是高潮，可以从有什么说什么来启发群众，发动群众。① 领导改变作风帮助车间彻底解决问题，分批成堆来启发群众提意见。其中我要补充的领导虚心检查自己方面可以做一下，这也就是领导引火烧身，把问题斗[兜]下来。开个干部会有必要，但有一些思想顾虑，过去有些问题支持得不够，因而产生一些思想问题，需要通过会议给予解决。② 现在的中心是发动群众，有什么说什么，但反对是整工人。唐[搪]瓷总厂的经验是层层检查，群众提出了一些问题，像吃奶问题，通过几天以后，待同志们思想认识以后，再进行讨论。③ 从展览会情况来说，工人愿意办什么就展览什么，伟迪民的经验已告诉我们这样做，形成工人自己办展览。鸣放意见确需进一步发动，为我们每人计划五张，要达到 6 000 张，不然就会牵涉对运动的估价问题。

马德海：宣传工作上提几点意见：挑应战来看劲头很大，有的下夜班没睡觉，去红星和合成挑战，因此我们有必要加强领导，建立整改园地，关键召开关于展览问题，今天加夜班，明天开展览。

李连贵：关于科室干部补课问题很有必要，如目前有些干部认为搬出去还得我们同志搬进来，我的引火烧身提客观。

樊东智：我同意老池的意见，领导不但下车间，还要下小组，宣传形式上要比大字报。

李树仁：1. 根据大家的汇报，运动已形成，但还存在着很多问题，关于各车间和科室共同解决问题,这样解决快、及时,另外就是要把领导研究出的意见,给大家看行,马上纳入措施执行,另外,这次运动目的性向大家交待[代]的不足,要进一步交待[代]清楚。要指示大的关键和改变不必要的制度。把以前做法不当的向职工讲清,表示态度,这次在发动老工人劲头不足,对老工人和青年积极分子的发动基础等的重要在改中要和老工人结合(这是发动群众)。

2. 领导引火烧身,领导先鸣先放,先烧每个领导干部,要写几张大字报,下边的瞒[埋]怨情绪就少了,通过领导干部带动一般干部再带动工人。

3. 在揭发中应和[核]算经济帐[账]相结合,通过算经济账,提高大家的觉悟,发挥大家的积极性。

4. 宣传工作思想情况抓的多,形式少,可以建立关键台、比赛台等,通过这些方式鼓舞大家的大字报更多,大家都要出展览品,应看成是自己的任务。

5. 车间组织领导应适当的分工,负责生产,把干部的时间集中起来,分析研究,车间组织小组专题研究有关问题,要扭转大家,提大家解决,这也是群众路线。

6. 在解决问题的过程中,不是上级规定的,可以废除和建立,另外要发动干部,每个工人大字报平均五张,干部还要多。科长重点,车间重点,收发重点,揭发的时间多占几天,到周末为止(四天),关于辩论问题,现在大家做准备,下次研究。

目前全厂的中心:质量、工时、原材料浪费,通过三项解决劳动组织,劳动纪律,建立制度,加强管理,改变领导作风。要继续发动群众。

日期:一九五八年三月八日

时间:上午十时三十分

出席者:李树仁、李连贵、李志增、唐风[凤]仪,各科长、各厂长、各车间主任、团书记、工会主席,分支书记等(。)

会议内容:关于反浪费、反保守、反五大气。

日期:一九五八年三月十二日

时间:上午八时三十分

一、预备一天，苦战三天，大字报写一万，苦战三周[昼]夜，把大字报全部解决(这是我们的口号)。

大字内容：1. 揭发浪费，反保守、反五气，工人中的□气，自我检查，不同的意见，可以辩论，通过运动要放深放透，引起烈火。

2. 人人动手都写大字报，会用什么笔的用什么笔写，小组会组长掌握全面，要分头写，会写的写，会说的说。

二、处理问题，采取分摊包干，解决的马上解决，不能解决的问题要责成专(人)负责，能做主的做主，权利[力]下放〈，〉(责成专人订出时间和措施)。

(三) 在处理问题时和工人结合。

(三) 发动竞赛高潮，同工种的小组要对口赛。2. 领导提出赛什么？内容：① 是长期赛；② 是临时赛；③ 每周要有赛的结果，用指示图表等形式。科与科赛，人与人赛。以后大字报的问题，各科由人事科管，各车间自己管。

目前生产问题，各车间要保证供应三车间。

分工：三车间，新王厂长、唐风[凤]仪、李连贵、纪主席、窦宪素、王厂长。二车间：翟厂长、池忠鳌、马德海。一车间：李书记、杨主席，[、]邝科长、薛尔缄。原动车间：李书记。人事科帮助行政科。王建常、薛宾逊、孙科长、李宝成、薛金平，编制五年规划。

三、干部参加劳动。① 密切党群关系；② 锻炼自己，体验生活；③ 帮助小组解决问题，提高管理水平，在红专问题上要大计划，小自由，自己要有长远规划，厂级重要干部。[，]每周[两]天在上边，总结经验开会，四天到车间，深入小组每个半天全厂。

王建常：关于大字报，要领导带头，不但自己揭发，还要表扬，使运动更加深入，基建任务30多万是很重的。

早晨八点上班，晚上到十一点完不了接着干。

日期：一九五八年三月十五日

时间：上午九时十五分

出席者：总支委员扩大会议，各车间的党政工团、各科长。

会议内容：大字报情况和下步工作。

李书记：通过这几次的大字报，已超过了一万张，职工的情绪也高潮[涨]起来，很多五气也被揭发出来，出现了很多新的气象，如食堂等，但从执行来看，还是不够深透，所以还必需[须]深入。一、抓整改，各车间应把所有的大字报进行排队，分给各车间小组，用轮辫子的办法，能够车间解决的就在车间解决，厂级和小组分头研究，应当逐级整改，各车间已转到科室的意见，科里应及时的研究进行解决，最后派代表到车间小组去协助解决，应把以前存在的问题拿出来，来解决的也要解决。属于个人的意见，应在小组会上解决，有些模糊认识，组织小班的辩论，属于制度的应采取措施，有经济价值的算出来，属于社会主义教育的组织辩论，总的是要抓住整改进行辩论，会后要马上行动进行干，要抽出一些人搞整改，抓教(育)的有唐、纪、李、马，各车间正主任，一个抓整改，一副主任抓生产。

王建常：抓生产的问题，最重要是抓储备量，特别是生产科，应要天天检查，另外抓整改，要坚决的[地]改，彻底的[地]改，改后要分析原因效果，做什么管什么，要体会问题，将来好红好专。

日期：一九五八年三月十七日

时间：上午八时十五分

出席者：马德海、李连贵、窦宪素、唐风[凤]仪、樊东智、池忠鳌、王建常、王从仁、杨金和、李树仁、路俊升(。)

会议内容：汇报整改情况，及抢课题。

唐风[凤]仪：关于抢课题的情况，群众的情况来看劲头很大，如边浆不齐的白鞋藏等都抢光了，有的提出8号解决，有的就提今天晚，这是杨振生组，当天就实行了，大部分问题都是马上解决，如没戳的咱们认为解决不了，结果也解决了，技术科、生产科把纲鞋不记代也抢光了，准备一周解决，动力科今天也来抢。解决件最少500件，共76个问题。真正的[地]起[启]发了工人的积极性和树立了主人的责任心，这比开多少会的作用还大，如龚亚敏小组提出要共同评评看谁解决的好。

下一步工作：1. 干部检查，做了对工人的积极性的启发，改变作风。2. 领导抓西瓜。3. 看看谁改的好，(群众)用建立类召集形势。

樊东智：一车间共62个问题，都给抢光。体会：1. 能够督促作用，比切底部到点不干活等，我们昨天是抢，今天解决，大部分问题今天能够解决，今天：1. 提办法，研究解决日期，今后怎么作：继续讨论办法，建立类[擂]台，加强宣传，给第二批打基础，宣传谁抢的多，谁解决的快，唐提出先检查后下应镇[颠]倒过来，先下去，便于接近群众，工人有情况也能联系，如崔玉和在鸣放中给我提意见，不下车间不帮助小组，光拿国家，小朱这次我下去，他对我感到特别亲热。

池：在二车间情况和别的车间形式差不多，二车间用信口代和表，填上解决日期，这样不识字的人抢的少，在场上没有一车间热烈，另外时间太短，只有解决办法，没有日期，特点：有个人抢的，有自由结合，有的是小组，另外在办法方面可以挑选最好的办法，3. 把账目公开，今天晚班继续抢，早班不活动，叫职工休息，领导研究如(何)解决，我们在道理上讲的少。

纪硕钰：下一步有能抢光的赶快叫抢光，把不好解决的拿出专题，叫大家研究解决，另外把战果向大家公布，另外是领导如何把西瓜也解决。

马德海：这个方法是由被动转向主动，另外加强宣传工作，鼓动工作。

窦宪素：三车间属于补助工的，要进一步发动，因为他们和小组有关，另外可以采取二车间的办法，给领导也提供了办法。

王建常：你们的办法很好，我们意见把它也行[形]成高潮，把好的表扬。

樊：把解决问题也来苦战，这样解决问题就快。

李连贵：这种方法很好，个[各]有特长，下一步科室工作要跟上，科长主任级的干部也要苦战，广播器要经常的广播，打破常规。

纪硕钰：当前来看，厂级应拿出几个大的，叫室抢。书记应表扬群众的积极性，在[再]发动一下干部。

李树仁：自从学习经验以来，各车间的办法不同，形式一样，过去领导是谈到叫法，现在是自愿法，这个方法，从思想上有个促进，今后总支有个小计划，同志的方法要自由，目前群众情绪很高。(一) 下步，把厂的所有问题账目公开，大小问题拿出来。(二) 群众的上下结合，加强协作。组织小型的专业会，共同研究，大家出办法，指定人参加也可自愿参加，在[再]召开座谈会，领导干部自愿参加和领导。(三) 解决问题，发动群众提不用大字报，用小字报，你认为有哪(些)问题，有什么提什么? (四) 在解决问题的过程中，有些办法和制度也可以研究,适当的建立,有些妨碍工作的旧制度,可以废除。(五)党团员和干部应继续发动,再继续战几天,把问题解决完,党团员要支持群众意见。(六)搞群众性的评比,应当组织看谁办法多,解决问题快,一方面贯彻要检查执行结果。(七)厂级也要扩大西瓜,党团工会的大问题也可以搞,领导干部和一般干部要和大家一样的抢,上下结合,领导和工人结合,领导要抢,说解决的就解决,不要像猴皮筋。(八)干部下去参加劳动今天要规划,今天就先干,然后再研究,几从几包等红专问题。

苦战三天,把全部问题处理完,同时提出看谁解决的[得]快,处理的[得]多,解决的[得]快,效果好〈,〉(多快好省)(从星期三、四、五开始),能解决的马上解决,不解决的做出规划,无法采取大计划小自由。

工会整改问题,单设一点,不属全厂性质的分到车间,解决起来。

樊:这样作就会偏到工会这方面来了。

李树仁:工会在这三天不活动,征求意见,三天后再解决,三天处理完后是生产问题,有些问题是属于辩论问题和政策问题,也本着多、快、好、省的精神。宣传工作:宣传课问题,车间主任,各车间建立宣传台,厂级的问题。增加王从仁为总支委员,全体通过。

老路:关于汇报情况,生产任务完成情况,有多少小组完成了任务,数字要一份,注意先进事迹和典型人物,实现的情况。

日期:一九五八年四月二日

时间:上午八时五十五分

地点:总支

出席者:李树仁、窦宪素、李连贵、陈大钊、樊东智、王从仁、孙德顺、刘玉岭(。)

会议内容:研究四月份工作安排。

① 卫生除四害、扫盲、文体选举等工作。

李:目前生产情况:日前能超过七千多双。生产存在质量问题,其中主要的是白鞋脏,这个问题考虑在四月份完成,四月份能解决质量及生产上平衡问题,以上的一切准备工作,下月份在[再]进一步掀起生产高潮。

四月份推的工作：

① 加强调动发动力，包括日工定额问题。

② 推技术问题，并提出技术革新，提出学习先进经验的办法，及赶上海问题。

③ 加强调度工作，并与各车间研究好。

④ 政治统帅问题。（一）把宣传工作搞的[得]好一些，把党团工作活跃起来。

⑤ 干部工作作风问题，干部应面向生产，目前干部主要问题，工作拖拉（科室的），暮气，缺乏与车间的工作协作，通过这次提到室要揭发一次检查，有重点完后检查，干部无规划，结合红专。

社会主义教育、反右在下一单搞。

王从仁（厂长）。

李连贵：① 编号生产，质量负责制（半成品）。

质量三天是否可以抽出一天，专门研究质量问题。

日期：一九五八年四月十日

时间：上午八时十五分

出席者：纪硕钰、池忠鳌、唐风[凤]仪、马德海、樊东智、窦宪素、李树仁、杨金和（。）

会议内容：召开比、学、赶政治工作跃进大会。

召开比、学、赶，政治工作跃进大会（一次下），1. 在方法上不一定每个小组都挑应战，各部门都有代表性就行了，有组的也有个人的，不要面太广，主要是他那[哪]方面好，你学他的那[哪]一方面，党团内也是同样，可以考虑支部和组长。2. 另外，就是要解决互相不服气的劲头，要贯彻虚心学习别人的处长[长处]。3. 其次，树立标杆要考虑政治条件，不要无故变动，我们要采取振二头的方法。

会议的开法：全面做准备，不一定要全发言，会后要跟追干[赶]的劲头掀起高潮，可用大字报等形式，同时要把这种高潮巩固下去，防止一阵风大字报，贴就完了。时间：4 月 13 日，由 12 点下午〈点〉连续开。发言面：各分支（党团)车间工会,各小组(党团)个人(党团),党发言6人,团6人,基层党工团车间工会2人,工会各部门二[2]个,治保会4人,党分支2人,团分支2个。

| 各车间 | 小组数 | 个人数 | 科室一个 | 科室个人3 |
| --- | --- | --- | --- | --- |
| 一车间 | 4个 | 6 | | |
| 二车间 | 4个 | 6 | | |
| 三车间 | 6个 | 8 | | |
| 原动 | | 3 | 共65人 | |

党:三分支挑,三分支应。团:一个支应挑,四分支应。

工会:一车间挑,二车间应,大会负责人纪硕钰。

4、11、12号政治工作会议准备工作。13号开会。14号职工代表会。16号评比,讨论代表后选举。17号评比。

肃反对象共七个,已捕一个,还有六个,给处方[分]的薛晋荣、胡锡培、亓云桥,参加农村劳动降低工资,下放农村监督生产之劳动处方[分],胡福培降低工资,俞书福。

日期:一九五八年五月三日

时间:上午八时五十五分

出席者:王建常、李树仁、马德海、唐风[凤]仪、池忠鳌、樊东智、李志增、窦宪素、李连贵(。)

会议内容:一、安排五月份的工作(。)

李树仁:

一、黑龙江机械厂60年的历史,他们的经验是干部跟班生产,工人参加企业管理,改革管理制度。他们的权利下放到各小组,把工会小组和行政小组合成一块,工会一个组长下设干事,行政设组长下设员,这样小组里的工作都有人管了。使小组事事有人管,密切了干事与工人的关系,因此工人叫干事不是科长等,而是师傅,这种制度和职工代表大会制度相结合就更加丰富了内容,将来党团干事也要改进,工会里,宣传干事评比。

行政工资员、技术员。

小组权利,派活权、劳动组织调配权、奖惩权,许可工人事假一天的权。

每天有 15 分钟，每周用一个半小时研究工作。

二、区委五月份的工作安排：

首先是区里整改情况：一类的有 40 个厂子，工作上各方面都很好，五月份工作，以双反运动为纲，发动群众进行规章制度改革，开展技术革新，社会主义教育，跟班劳动，生产竞赛，各种制度，属于本厂内解决，如与各厂有关的应报上级批准。

日期：一九五八年五月七日

时间：上午八时二分

出席者：李树仁、池忠鳌、马德海、唐风[凤]仪、樊东智、李连贵、窦宪素(。)

会议内容：一、传达董书记的报告。

一、王任京开除厂籍，张志增、刘学计劳动教养，亓云翘、□长福送农村监督生产。

唐风[凤]仪：一、省市委对整风工作的安排：1. 生产，关键是解放思想，在完成跃进计划时，注意质量。2. 整风的成绩很大，但质量不高，目前有些干部思想存在差不多的思想，在解决规章制度还不够，在 5—6 月还需要抓一下，要大胆依靠群众，规章制度通过大鸣放的方法，加以改革，同时学习黑龙江省的经验。3. 参加劳动问题，不要单纯为劳动学习技术。4. 整风深透的标准。① 关键问题放的透不透，问题辩论的如果障碍生产的关键，规章制度解决的怎样。② 干部的思想是否解放。③ 重点人的作风是否转变。

二、市委整风领导小组工作拖拉，在解决问题时只注意数量不注意质量。

三、五月份的工作，改革规章制度，学习黑龙江省的经验。

1. 奋战 50 天，力争整风全胜，干[敢]说，干[敢]做，干[敢]想，干[敢]学，干[敢]创，为“七一”献礼。① 向陈规旧制猛攻大鸣大放；② 思想解放；③ 人人力争上游，全党做政治工作，人人做思想工作，行政要做以正厂长为主。

2. 决战红五月，对干部要学中干，干中学，学习成都会议，力争上游，鼓起干劲，多快好省的[地]建设社会主义，以政治挂帅，排除三种暮气。社会主义教(育)对职工进行分类排队，摸清情况，开始辩论和正面结合。

方法：1. 先讨论后报告。2. 先报告后讨论，应先干事后工人，先党内后党外(群众)，开展技术革新，关于新产品试制的多投入的少，关于跟班劳动，总结经验，推广黑龙江市[省]的经验。

五月份工作：

一、作好技术革新工作(准备)。

1. 做好个人规划，要具体，怎么比，用什么方式，多少时间公布，把比赛形式定期公布，把比、学、赶进一步巩固。

2. 整顿工会组织，调整行政干事。① 学习黑龙江的经验，解决当时问题(干部)。② 领导干部如何和技术人员相结合的问题，技术人员和工人结合问题。

二、(1.) 行政要修改不合理的规章制度，2. 抓措施。

三、进一步研究干部参加劳动问题。

四、开展辩论进行社会主义教育，结合修改定额。

五、党内工作：健全会议制度(生活会)转正等，建立正常的工作程序。

二三车间先搞社会主义教育，修改定额，一、原动推广黑龙江的经验，10号以前搞规章制度，发动职工大鸣大放，工会在10号前应把改革规划，行政考虑推广黑龙江省的经验应设什么员，搞规章制度，干部配备，10—20号搞一、原动搞选举，推广黑龙江(经)验，行政搞定额(10号前搞测算)，干部参加劳动暂时还用原来的办法，领导干部再研究。

技术革新做准备，个人规划，抓学习推广经验，4月份工作可是总结。搞规章制度由王建常(发动群众)；干部配备，李树仁，他；青年技术革新试验队，唐风[凤]仪；干部参加劳动，窦宪素、李连贵。工会选举，推广经验，池忠鳌、樊东智、唐风[凤]仪、马德海；四月份工作总结，李树仁；定额，王建常、李志增；抓措施，王建常；党内工作，窦。

区委部长级干部，厂级党政工团主要领导干部，每人写一篇文章。

15日前开展大鸣大放，做好黑龙江省经验推广准备工作，下旬社会主义教育，后进行技术革新。

注意事项：① 属于技术问题，要进行试验；② 改革规章制度，注意对生产发展有利问题，工作方法要依靠老工人和青年积极分子，工作要明确，在场观点要放手，发动群众大鸣大放全体动员，大胆的思想，顽强的创造，干[敢]于试验，总之，发动群众以[依]靠群众思想解放。1. 干部思想解放；2. 发动群众；3. 党员代[带]头。

五月份的中心工作：规章制度、整改、社会主义教育，目前发动群众，规章制度，同时工会选举，不做上层工会工作，总结报告，开始提后[候]选人选举，定额在月底或六月初。工会改选工作计划，一车间七人组成，二车间十一人，科室七人，原动七人。一车间主席正马文荣、副张义秀、高祖耀；二(车间)副李全声、副赵宝珠、正王玉清；原(动)副刘宪成、正王臣来；科室正刘锦忠、副刘振明；三车间17人，副主席蒋桂珍、王振华，正主席杨亚和兼。现在搞鸣放，在进行中结合改选工会，分头召开党员，[、]团员、组长、工会委员。干部参加劳动。李连贵下新组织的组，李志增、窦宪素、李树仁、唐风[凤]仪、王从仁，以上同志下小组领导，三、五、日劳动，一、四、六开会。下套楦，李连贵、李志增，三车间主任唐风[凤]仪。干部配备，李树仁同志初步意见，李连贵到三车间主任，陈到原动当科长，韩跃明到二车间，朱志熊到生产计划科，闫秀峰到三车间跟一班，小冀到总支当秘书，齐老师到工会当秘书。

明天大会报告内容，你认为在生产上管理上有什么问题，怎样管理好工艺规程，安全制度，验收制度，收发制度，劳动组织，不合理的福利，鞋的设制问题。

日期：一九五八年五月十四日

出席者：李树仁、王建常、樊东智、唐风[凤]仪、马德海、李连贵、纪硕钰、杨金和(。)

会议内容：一、干部和工人的观点。二、小组的权利。

王建常：统计员：产质量工时。考勤员：事病假小组人员调动，日工的定额问题。

李树仁：小组权利：1. 奖励。2. 处分(大处分由有关领导批准)。3. 经济开支。4. 人员调配(组内如果同工种可以两组自愿调配)。5. 准一天事假。

小组责任。工会：1. 宣教。2. 评比。3. 劳保。行政：1. 技术检验。2. 计划统计。3. 事务保管。4. 劳动工资。5. 安全卫生。6. 合建措施。7. 治安保卫。

在权利[力]下放，以前必须转，现在存在的各种不合理的制度，如取消预备工等。2. 奖励应明确，防止平均分配，要有尺度，哪些不应受奖。资金名称生产奖励金，奖给生产较好的，把个人先进生产者资金放在组内。

1. 今天把研究的结果向职工公布。2. 各车间抓紧试点，加强宣传后整顿小组，然后在[再]选举主席。3. 在整组的过程中，把干部适当的[地]安排各组，另外介绍别厂的经验。

日期：一九五八年五月二十四日

时间：上午八时四十五分

出席者：李树仁、池忠鳌、唐风[凤]仪、樊东智、马德海、窦宪素、陈大钊、王建常、杨金和(。)

会议内容：研究“两参一改”的下步工作(。)

根据咱们的情况具体要做以下工作：

一、1. 思想工作，现在好的也有，但在职工中还有一些思想问题，怕累、怕干不好等思想，这些思想问题准备作一个报告后，组织讨论，解决问题提高社会主义觉悟，使工人树立主人翁的责任感〈。〉(只巩固参加管理为中心进行社会主义教育)。

2. 建立小组的正常工作程序，使小组的大员有事干，训练组长创建制度。

3. 有的组没员的或组太大的可适当的再划，使每个人都要参加管理，防止一部分人参加，另一部分没事干。

二、技术革新，25 号动，月底掀起高潮，在巩固小组参加管理的同时，开展技术革新，不要求车间与车间小组与小组完全一致。

三、六月份的工作：1. 继续两参一改。2. 技术革新。3. 修改定额。4. 开展大评比，可能有反派，整团支党。同时开展干事之间、大员之间的竞赛。现在是否把评比条件给大家贴出去，促使小组向前进，中心解决工人参加管理技术革新。

日期：一九五八年六月十九日

时间：上午八时三十分

出席者：王建常、李树仁、李志增、马德海、樊东智、李连贵、王从仁、窦宪素(。)

会议内容：1. 批示转正，党员评比条件。2. 六月底的工作。3. 半工半读。

一、批准党员转正：黄国祥停止预备。张福君按期转正。李明泉按期转正。李学铭按期转正。王玉兰刚来时不安心工作要求调走，因离家太远，通过帮助，现在很好，又任女工委员，群众关系较好，按期转正。贾文芹按期转正。韩秀兰按期转正。张春年，写补充材料。魏娟钧把缺点给指出来，写材料。韩金贵谈谈下次处理。党员评比条件，明天召开分支书记会议。

二、鼓起干劲，发动群众，检查跃进计划，实现情况，给评比打下基础，投入征孔大底，多做球鞋，把第三季度的投入措施专题研究，日产量达到 21 200 双，月底把技术革命掀起高潮，文化革命，思想解放，完成生产任务，总路线的宣传，召开小组会议，订出小组跃进计划(一旬)，要提出在我们厂几年后在重要工序上机械化，王从仁厂长抓技术革命，池二车间，李三车间，二位王厂长负责原动和技术科。

成立技术革命委员会，下列人员：王建常、王从仁、池忠鳌、李树仁、赵忠良，各车间主任，生产经营办公室共 11 人组成，主任王从仁厂长。

1. 局里交流经验要总结；2. 上半年厂级竞赛评比；3. 三季度工作要点。

工会：关于文体活动，决定在 6 月 30 日，全厂一个会演，要拿一部分钱买点奖品，成立一个委员会；2. 训练工会大员骨干的业务知识，□期确定下星期六，关于总路线的宣传问题，用广播器、报纸、材料结合厂的具体事实。

三、半工半读搞是背实要搞，人数 40 左右，2 年以上工会，工人出身，有培养前途，达到橡胶中等专业水平。① 不工作，不拿工资；② 达到高中水平；③ 时间保证，每天平均二[两]小时，三年。

日期：一九五八年六月二十四日

时间：上午八时三十分

出席者：李树仁、李志增、李连贵、马德海、唐风[凤]仪、樊东智、窦宪素、陈大钊、王从仁(。)

会议内容：一、技术革新。二、基建。

一、目前技术革命已经形成高潮，全区结合目前已有 7 万件，其中，有很多的重大改革，由量变到质变，由于党团员的跃进大会，将会有更高潮的主观，现在主要是革新和正[整]风如何结合，继续发动群众检查，是想解放生产跃进，技术文化大革命等，继续检查干劲足不足，在领导贯彻多快好省不足，以靠群众发动群众政治挂帅如何？

二、反右反坏原订 20 号晚，自己结合具体情况自己安排总的任务，思想解放，技术文化大革命，大会以后马上调动一切积极因素，大闹技术革命，要求完成六月份的生产任务，再增加 25%，完成上半年的任务，重要是抓措施，抓技术革命。

1. 主要解放思想斗争，领导要当促进派。② 支持群众，从思想上和他研究过程中遇到的困难等去支持。③ 有些领导认为技术革命和生产有矛盾。2. 宣传、贯彻总路线和技术革命，形式要多样化。3. 找典型，要搞技术革命。一个是观点和群众路线，应有长远规划，要和跃进计划结合起来，组织协作，有条件的抓紧实现，奖励不是单纯的钱，主要是从政治上鼓励，提出人人献计，个个革新，人人都提 15 件到 20 件，除了提以数字还要求实现 50%之多，干部和工人结合，要及时统计。卫生文化问题，扫盲存在的提出今年 10 月底完成，搞健全，关于半工半读问题。

一车间半年变成机械化和半机械化，三车间一年半沿合机械化，苦战一年，(全厂口号)变手工操作改为半机械化变为机械化，生产并向半自动化、自动化迈进，具体内容：自动切海棉[绵]，机械刷边浆，机械套楦，沿合。包装，自动下大底切大底，合布，撕机，加流自动化。

三车间边浆成型、套楦、包装，操作机械化，运输自动化。

一、自动撕条，切底机械化，自动混合，自动素炼，机械切海棉[绵]，保全，万能车床。

人人提建议，个个献计谋，大小一齐抓，干么就学么，人人抓革新，个个有改进，事事有看法，人人个[争]先进。

目标达到 20 000 件，每人平均 15 件左右，处理达到 50%件，要彻底发动群众，书记挂帅大胆破除迷信，明天发动群众苦战二天。发动的面要宽，“七一”前争取自己处理 3 万件。

二、基建问题：

1. 搞聚氯乙稀[烯]车间 300 多人，将来搞雨衣等，钱由百货公司借。

2. 要求做自行车胎，搞一个车间内外胎。

3. 橡胶杂品车间。

总支委员会全体通过。

各分支　1956.2.17　组织部第一季度发展党计划，　编号　5、6、7

刘俊祺　1956.2.17　宣传部，关于干部理论学习的通知　8

刘俊祺　1956.4.21　关于学习无产阶级专政的历史经验　20

?　1956.4.26　组织部第二季度建党规范　25

李?　1956.5.17　批准刘海亭和各分支书记兼管党的监察工作　30

李?　1956.5.19　宣传部关于肃反暂用业余时间的通知　31

刘海亭　1956.7.17　区委、区常务委员的市委批示　42

刘海亭　1956.8.11　监察委会的传达告诉等二件　46、45

马德海　1956.8.13　区委办公室关于我区的报刊发行工作的制度　49

刘海亭　1956.8.21　区监察委关于处理党的手续问题　50

李瑞卿　1956.8.21　工业部关于新天津染厂事故的通报　51

李瑞卿　1956.8.21　组织部关于新党员质量检查提纲　52

李瑞卿　1956.8.21　组织部关于新党员质量检查的通报　59

王利民　1956.9.20　监察委关于报请处理案件的材料规定　59

马德海　1956.9.29　报刊自费订阅的工作情况　64

王利民　1956.10.20　关于执行肃反调查材料范围手续的规定编号　66

刘海亭　1956.10.27　中央关于国营企业领导问题决定草案（市委办公厅）　67

刘海亭　1956.10.27　区委关于统战工作检查总结提纲　69

马德海　1956.11.1　区委关于贯彻执行八大的决议的计划　73

马德海　1956.11.1　区委关于贯彻执行八大的决议的通知　74

马德海　1956.11.16　宣传部福利科器厂等贯彻执行八大决议的周报　77

马德海　1956.11.16　区委关于孙中山先生诞生九十周年纪念办法的通知　79

王利民　1956.11.20　审干组为加强审干工作给各支部的指示　87

刘海亭　1956.11.24　区委关于区常委分工和深入基层的工作通知　89

马德海　1956.12.12 工业部关于1956年度总结，1957年工作　97

## 分支书记会议

日期：一九五八年七月四日

出席者：樊东智、马德海、唐风[凤]仪、陈大钊、纪硕钰、李树仁、窦宪素（。）

内容：

一、对少数民族的教育，咱们全区有两个单位已经开始对少数民族进行社会主义教育，在他们中开始搞辩论，在这个星期二做报告。不辩论说民族问题，各单位要抽出一定的少数民族干部来领导这一工作，我们各族一定要保证学习的出勤，各种会议保证不务正业，他们随便。

二、关于58年的发展计划，有五个必须条件：

1. 必须从事劳动，没有剥削行为和剥削思想的。

2. 必须历史经过调查，取得可靠证明确实没有政治问题的。

3. 必须经过党的教育懂得共产主义与共产党事业的人。

4. 必须吃苦在先享受在后，能联系群众，在群众中有威信的人。

5. 必须经过考查在实际活动中表示愿意遵守党纲党章，履行党的务意[义务]，中[忠]心为党的事业奋斗的人。

关于对党员划分类型，第一类，下星期一，搞党日，典型。

闫家雄、薛占海、张春年、张广贤、张福君、孙恩荣、万德银。

主要对象：1. 先进落后的转变；2. 一贯表现好；3. 怎样针对自己的缺点制订出个人规划，还执行的好，在生产上怎样帮助，领导小组搞好生产，在文化和技术革命中的典型，找那[哪]点做的好，一、二、三车间各二个，原员科室各一个。

三、关于党评比要求，在20号以前评比完。

日期：一九五八年七月五日

时间：下午八时二十分

出席者：李树仁、王从仁、李志增、李连贵、池忠鳌、樊东智、唐风[凤]仪、马德海、赵忠良（。）

会议内容：七月份的工作，先把双反和技术革新先谈谈。

池忠鳌：前两天，区工会搞了一个评比，20多个厂，其中我厂是一等，合成二等，其余三等。革新指标：1. 11万，还有一个二万四(每人平均8(%)—17%)。2. 召开多少座谈会(解决生产关键)，对外协作，帮合成汽压合大底，加工再生胶。3. 支援队，有[由]技术人员、老工人等组成。4. 组织技术学习班，保全有业务学习。5. 生产情况，下半年完成任务48.64%，六月提前一天完成计划。

赵忠良：团评比结果，被评为第一类，咱们主要抓住重大的项目，在技术革新中发动的较好内4万余，较大的：1. 矛氯乙烯和橡胶并用，经过八次试验。2. 自动切海棉[绵]机械，提出的很多，最后陈志清和袁金坚持。3. 不用颜色做橡胶。4. 矿灰代替墨黑。5. 自动多刀切海棉[绵]。

李树仁：双查工作已有一个月，生产达到高潮，思想大解放，技术大革命等，目前群众已经发动起来，全区完成总产值40.3%，大字报66 000余张，通过双查收获：1. 总结了工作，使群众受到教育；2. 查出了问题，落后单位的变化，先进的1/3，通过双查思想大解放，技术大革命。今后工作：1. 进一步贯彻总路线，政治挂帅，思想要先进，当促进派。2. 两参一政改革。3. 不影响职工的生活，取消福利。7月份的任务，比6月份完成超过15%。

3. 解决思想继续搞革命高潮。① 工程技术人员和中层干部发动起来；② 抓实现，抓模范；七月份抓什么？通过双查主要有4条，解决了把技术革新推向高潮。2. 使全年总产值增加3 200万。3. 修改完计工定额。4. 群众觉悟的提高，鼓午[舞]了职工的干劲。根据目前情况，我们在工作应当什么抓，革命和中(心)思想高潮，处理要认真。2. 召开专业会议，思想支持他们政治挂帅，召开技术人员发动大会，把奖历[励]和□下放车间，最多跃进50天，在做时应撑全面，与领导打个招呼，支援：人力、物力，在经济上的鼓历[励]。4. 加强对技术革命的掌握。5. 抓紧组织实现，怎么抓，一个是组织参观，搞专业会，搞协作，现在有些互相研究较差。

二、(1.)2. 生产再高潮，对两参一改进行一次检查，通过组织机构的改便[变]，有些小组劲头很大，但方向有些不明确，需要进一步的研究解决，各车间召开座谈会，肯定成绩找出缺点，调整劳动组织搞日工计件。

3. 根据目前质量问题,提出解决问题的措施(7 月份),在下旬搞生产高潮,提出日产二万五。

三、搞评奖,第三季度增加新内容,如工人参加管理,技术革新等,取消请假一天,没有评比资格。

四、文化革命高潮掀起来,每星期学习两天,(星期三)扫盲班组织起来,其他不学习的可以学习理论等。

五、整顿组织,党团工会的组织机构和改进问题,职工代表大会的改进。

六、关于党内工作,搞党员评比。

七、回民训练班,其他把民族和宗教分开,党的领导和阿调,回汉关系,其他活动不能影响其他问题的出勤率。反右没有,关于抽调下放干部支援新厂,劳动力问题,第一批已招,第二批 7 月 7 号正式招生考试。

唐风[凤]仪:技术革新应大小结合,需要研究(进一步)下组的问题,和具体小革新的实现,其他属于解释的,大的组织研究已全进行,小的没有人管,在大量宣传技术革新,如典型人事等,其次奖励支持,要抓大的也要抓小的,不要放掉一个。

樊东智:今天我们召开组长和合建员汇报会议,有些问题小组方式,已经成功,但车间没答复,现在一车间由于大底抽缩技术革新抓的少一点,职工的信心不太足,因此思想还应跟上去,从一车间情况东西不少但是真正用的不是地方,另外职工提出意见解决很慢,如大底硬和抽缩,应改进配方,减少□和促进剂醉氧粉,还有的工人提出问题已试成功,为什么不投入,一出问题车间就找操作而影响生产,另有李学政说:过去 25 分顺利,现在 26 分累的[得]要命,才拉完,说明配方不合理,应当弄一下。

马德海:我们分五大类,大的也下组,干部是(2 800 多件)下组的有 200 多,暗干的劲头足。孙仲仁检的自动剪日执,李世昌降温设备,王永贵自动裁邨,从二车间看几个要害是抓住了,候[侯]前林提的两面打眼等。

关于划图问题,是否统一分配,如都找袁金鸿作模型等。

池忠鳌:我同意书记的意见,我的意见 7 月要以生产为中(心)抓住两个革命,从大中华来看技术革命已经形成高(潮),文化革命应为技术革命服务,我同意出动提出的组织参观、座谈协作,另外注意小账目,否则会挫伤同志们的积极性,最后一个意见,应把时间安排一下,如评比,计件上半月做完,关于比午[武]场还不太满意。

唐：生产跃进一定要跃进，现在要抓的质量问题，办质量展览会，结合两参一改，抓技术检验员，总结经验，关于硫化问题应及时解决，否则二万五问题更大，硫化罐问题，人力问题。

我们下半月的生产跃进，劳动组织调整，搞技术革新，要生产跃进结合，这个方向应反复的向群众讲明，关于比午[武]场的内容要丰富些，目前的宣传工作要跟上去，思想挂帅，早来晚走，苦心钻研，技术革新和生产的结合，试制成功，加强协作，总的7月份大闹技术革新，生产跃进，在双检的基础上，大小问题的结合，领导干部和群众结合，抓住大不放小的。

关于劳动组织该推的向外推，如食堂托儿所、勤杂等，在[再]从外边来一部分，提法上向25 000宣战。

时间安排：上半月评比定额、评衡，措施要上抓，劳动组织，两参一改，以上17—20号完成发奖。上半月工会改选，20号以后改选职工代表大会。

日期：一九五八年七月十六日

时间：下午二时三十分

出席者：李树仁、王从仁、池忠鳌、李志增、马德海、唐风[凤]仪、樊东智、路俊升(。)

会议内容：关于整风第四季度的工作研究。

池忠鳌：

一、关于双查总结。1. 解决内部矛盾，顺利修改定额。2. 发挥劳动生产率，提高生产%。发动技术革命，如正在研究治合机等。3. 解放思想，破除了规章制度，使生产提(高)了，如一车间二位。

二、整风第四阶段：

整风第四阶段，也是整风最后阶段，也(是)取得成绩获得胜利的最后阶段。提出以下几个问题：1. 质量问题：在我们厂比较严重，不符合多快好省的精神，质量指标一个也没有完成。2. 个别人组织性不强，还有些暮气，在运动中比较好，运动过后就完了，从现在来看，我们厂的出勤率很低，另一方面，有些人不爱参加厂内的各种活动，上班来下班走。3. 个别人有点娇气，怕困难,有地方有懈气,工作上会不停热不行工作上大骂。4. 有些人有过份[分]的平均主义,有些人遇见不顺他眼的事就要骂街等,整风第四阶段。

日期:一九五八年七月二十一日
时间:上午八时三十分
出席者:王从仁、池忠鳌、李树仁、马德海、樊东智、唐风[凤]仪、窦宪素(。)

王从仁转[传]达区委布置工作(高精大)

根据目前我国的建设情况,在农业方面小麦已超过美国,在工业方面在钢铁工业三年起超过美国。① 增加新产品花样。② 生产自己生产的主要原材料,在原材料缺乏的单位只许先进不许后退。① 下半年生产那[哪]些新产品要作计划;② 要行行办基建;③ 开展副业;④ 解决原材料生产;⑤ 人人学各种技术。

边规划边动手,快马加鞭。凡是有基建任务的单位,原材料自己解决,新品种花样,下半年一定要生产,最后强调整风生产两不误。

新产品规划方案:

上半年共试制成七个新产品,有三个下半年生产。① 微孔底;② 标准;③ 出口纲;④ 凉鞋,下半年生产的,1. 碳[炭]黑大底,7 月底完成 11 000 双试销;2. 解放跑鞋,把老纲取消,马上可以投入生产;3. 出口便型鞋;4. 微孔大底;5. 模压微孔底;6. 出口便型中球。[;]7. 透明底高纲;8. 聚氯乙烯大球块;9. 通气球鞋;10. 防臭底球鞋,8 月底试穿;11. □紧口便鞋。

副业主要是原材料:① 黑油膏,7 月底试验,□办。② 卫生发泡剂,可以马上搞三个人即可。③ 橡胶真素剂,8 月 15 以前试验。④ 鞋定胶和聚氯乙烯 8 月份完成。⑤ 粘合剂。⑥ 促进剂。⑦ 呢绒。⑧ 塑胶□系列;需要的东西,纸袋,眼卷,纸箱卡子,废布□毛毡子,用粘□代真空器,刷一次浆子,正在研究塑合剂,□促进剂,口布。

我们下半年生产的一些东西是不少,但我们要搞出高端的东西向国外销售,研究生产透明两用鞋,用塑胶做眼卷,用塑胶半高跟。

方面巩固提高现有产品,即[既]追又要创,向高质产品发展,由内销到外销,由模仿到独创,改进现有鞋的外观质量,即[既]要满足国内人民的需要,也要开口。

聚氯乙烯从外观上变样，在国外是较受欢迎的，下半年集中做防臭，通气聚氯乙烯，再生胶也应该进行研究。

措施：1. 加强扩大技术力量。2. 组织群众搞对鞋的设计，有必要技术力量可和生产办公室分开，建立群众卫生的设计组织。3. 挖外员，天津大学的教授学员等，有了困难，可以请教授帮助解决。

民办工业：① 刷头交给街里；② 缝纫鞋帮；③ 纸袋；④ 装箱卡子；⑤ 剪帮子零件。

下半年干些什么，主要是自己的机器设备，打眼15台，套楦机一台，边浆机二台，沿合一台，撕条机一台，切海棉[绵]机一台，龙门□一台，车床一台，包装机一台，翻沙，做木样子，多刀裁机一台。

保全的方向：由小型设备到大型，扩大保全力量，搞翻沙，使生产变成修理工，总的方向由机器变制造。

明年的基建计划三层楼，生产钢□车胎，保全车间扩建，建食堂14万，打浆房2万，全部总额2 536万元，59年1 964万，轧胶车间，缝纫车间，成型车间，聚氯乙烯，全体通过，洋灰搞上型练[炼]洋灰，小型练[炼]钢。

区委布置安徽来一个同志，要在安徽省搞一个现(代)化的橡胶厂，到我厂求援咱们厂找他要500立方米木头，我们应把小型的机器支援他们。2. 和他们联合搞保全。

日期：一九五八年七月二十四日

时间：上午八时十分

出席者：李树仁、樊东智、李连贵、唐风[凤]仪、窦宪素(。)

会议内容：批示党员转正。

高□仁，纪律性不强，工作时间打扑克，对政府政策怀疑，不接受别人意见，从58.7.24日起，延长预备期一年。

荣振国，55.1.19日入党，家庭情况是地主，他入党时报中农，实际上其父是“地方[主]”，民恨[愤]很大，因此被斗，在二车间时闹工资问题，对父亲的认识问题和二车间主任对立问题〈，〉(补材料转正)。

万德银：53 年入党(在四厂)，自入党后一作不负责任，用公家电线给自己家按[安]，因此在 55 年四厂支部通过预备期，56 年并厂后才对工作积极负责，肯干表现很好，由 56 年 1 月 1(日)开始转正〈,〉(分支补充材料)。

腾[滕]天城 56 年入党，57 年 1 月支部通过延长预备期半年，个人利益较深，如闹定额，宣传母亲取药水很冷等，现在工作表现很好，生产积极，能虚心听取群众意见，由支部现在通知再批。

彭金根，政治不开展，不起党员作用，工作不积极，再谈一次话再决定。

郜文荣，主要问题是一贯道，工作表现好，对小组工作认真负责，按期转正。

李良君，在三车间工作积极负责，群众反映较好，按期转正。

王永贵，56 年 6 月入党，57 年转正，在各项运动能起代表作用，按期转正。

张春年，个人利益重，干的坏事很多，自整风运动领导小组较好，生产好，扫盲好，被评为市级模范小组，从这次修改定额表现很突出，对提出定额1 200，从 58 年 7 月 24 日起，延期一年。

魏娟筠，退党。

张国有，没有政治头脑，因怕□业务时间不敢干工作，对青年团工作不作，小组两班不团结，生产不坏，也起不了什么作用，从 58 年 7 月 24 日起延长一期(一年)。

尚秀兰，从 58 年 7 月 24 日起转正。

杨文有，二车间副主任。

区委统战部郭部长：

自整风以来，各单位的党员都受到了很大的教育，在思想觉悟方面都有了提高，给整风进行整党(包括组织)，8 月底结束，党群关系密切了，混入党内坏分子已做处理了，缺乏对党员的处理不够和不及时，要全面系统的考察干部，对一类的准备提拔配备等。① [(一)]政治立场明确，对三类要加强对其教育，对不同的如何对待，一、二类以靠自己，对安于中游的加以批评，对三类加强帮助，检查的重点从三大高潮，要想作一个共产主义红深长透的干部，必须下定决心。市委要求三抓，抓核心领(导)，批二类，批关键问题。

(二) 红专规划问题，阶段结束后要订个人红专规划，以后掀起理论学习高潮，经过常[长]期斗争锻炼有些经验，对党忠心耿耿，工作有一定的经验，在红的方面解决了一些问题，这算好干部。红不仅大问题看，对小问题也要看出，不仅是对党忠心耿耿而要彻底，不仅只有积极工作心态，而有工作实事求是的工作态度，不仅检查缺点错误，而要正确对待，不仅要正确的对待党的政而要执行。

长：有一定的工作经验，能完(成)一定的工作任务。① 学会有一定的知识。② 必须有高度的文化水平。③ 学会一定的技术。

组织工作整党工作八月底结束，要求：① 党的核心领导作用，加强了支委意见，能团结加强了，集体领导分工负责，党内外正常制度建立，生产完成的好。② 党员觉悟普通[遍]提高，明确立场，观点分清大是大非，党员作用有了改变，特别是群众有意见的党员要向群众作检查。

三类党员分别不同情况加强处理，分别对待，对坏分子清除出党，对起过作用的要耐心帮助，还是落后可劝出退党，应教育者无改变可开除党员，对不好给一定的日期限期改正。

改选问题，现在全区有 30 多个单位，需要建立党委和总支，方法可直接选和间接选，提候选人，可比选的人多些，选前可作简单的总结。

日期：一九五八年七月二十五日

出席者：李树仁、王从仁、李志增、窦宪素、池忠鳌、唐风[凤]仪(。)

会议内容：研究整风第四阶段工作。

民警不算干部，私方人员由统战部，剩下的由厂内和统战部联系，自愿参加。技术人员由区搞，剩下的由厂内掌握，工人的需要好好发动，讲清道理，插红旗拨[拔]白旗，做到人“插红旗人人拨[拔]白旗”。① 这次主要明确是解决思想问题，插红旗拨[拔]白旗，讲清什么是红旗，什么是白旗，加强协作，向职工作报告。② 党团员组长以上的干部要起带头作用。③ 组长要明确怎么领导，应把思想和实际结合起来，要集体人集体事，用广播站广播，结合劳动组织的贯彻，插红旗，召开职工大会，传达用 40 分时间，明天召开。

贴大字报，搞一个送礼台、红旗台、思想检查台，奋战三天，红旗飘扬全厂，推动生产大跃进。

日期：一九五八年八月七日

时间：下午四时

出席者：王从仁、李树仁、李连贵、李增志、樊东智、唐风[凤]仪、窦宪素、韩耀明、王建常(。)

王从仁：1. 各班统一认识,检验能取消大家辩论。2. 取消后的措施质量怎么办? 3. 怎么办,自报意见,小组讨论,小组献人,最后由人事科统一调配(车间需要审查)。4. 加强小组日常管理的责任。

王建常：先措施后抽人,把抽人和提高质量拧在一起。1. 提高质量必须要交接班制度,工人与工人交接,领导与领导交接,还要发动工人、领导拿出办法,叫工人讨论。2. 提高产品质量,建立卡片制度,分清责任,叫群众搞去,使群众自觉的搞起来。3. 发动群众组织参观,把技术研究会建立起来。4. 把技术检验员使用起来,各车间找经验,总结经验,召开全厂检验员大会。

王从仁：现在的质量问题不太好,要想解决问题,一车间解决调度问题,胶的存放问题。交接班制度不严,原材料配方制度不严,工艺规程不一致,一车间主要解决性能问题,调度工作必须跟上去,收发制度必须健全。给调度明确目的,从调度上,原材料的可塑度上。二车间收发是主要问题,打错号、上底开线问题、海棉[绵]布开线问题。三车间主要是外观质量。1. 建立小组质量分析会,健全检验员的职责范围,硫化罐问题,解决性能问题,管理制度对不上号,数字不对,6 月份多发 6 000 多双,成品包装验收标准不一致。组织参观,现在段长也有意见,他们已经形成了不用调动的辅助工。

## 中共天津市公私合营大中华橡胶厂总支委员会

日期：一九五八年八月十六日

时间：上午八时三十分

出席者：李树仁、王从仁、王建常、李连贵、李志增、唐风[凤]仪、纪硕钰、马德海、窦宪素、樊东智、赵忠良(。)

会议内容：一、办党校。二、工人学哲学。三、夜校。四、卫生工作。

一、办党校,联合举办(窦、马负责)。

二、工人学哲学，组织哲学班，先把班长以上的干部组织起来，通过学习总结小组工作，提高工作方法，星期一，每周二次(130 人)，干部学习，科室从星期三。下午一点到七点，车间星期一从八点到七点(下放干部在内)。

三、文化学习：1. 主要是教室问题，中学班，工人小学到中学，够一个班的我们就开班，房子问题，只要是不漏雨的，自己盖些简单的房子，教员问题和人民银行调些干部，由王建常厂长负责房子问题，和开学整厂工作的准备，由二位校长和李志增负责。

四、青年团工作，决战五天，把技术革新提出的问题处理完，20 号以后进行一次评比。对个别团员进行处理，改举 20 号，以后进行团员八好活动。结合质量问题，插红旗竞赛，提的具体和全厂的一致，使团员明确方向。

五、卫生工作，市委提出奋战二周消灭季节性的肠胃炎，咱们厂最次，尤其车间办公室强调生产问题，对卫生不够重视，强调客观不重观努力，卫生运动也是政治工作，各方面都好，卫生工作不好，也是问题。

如何重视人委号召进行改变(下游)历史壮观，各科室太脏及厂房各地蚊苍太多，因此肠胃炎多，15 天苦战进行突击，建立制度，巩固经常性保持卫生，下半月做三次大扫除，厨房加强消毒做好正[整]齐进行消毒一周，有一专人负责；先组织力量，食堂、托儿所、厕所，捕打蚊苍，家具过□，托儿所奋战五天，给孩子也规定个制度，怎样保持清洁，大家重视，宣传自觉□化[花]100 多元，化[花]了和[须]有专人负责，另外在团内组织青年除四害突击队。

日期：一九五八年八月二十三日

时间：上午七时三十分

出席者：王从仁、李树仁、马德海、唐风[凤]仪、李连贵、樊东智、李志增、纪硕钰、赵忠良、薛尔缄(。)

会议内容：整风运动的总结，今后如引导群众，把九月份的方向明确。

整风运动的工作总结：

一、过去的基本情况：党政工团领导干部步调不一致，应说成在某些工作上步调不够一致，车间的核心领导力量不强，干部作风，机构臃肿，群众觉悟不高(第一部应放入整风阶段)，有些干部对群众路线方面较差。

二、整风运动的主要收获：① 加强了党的集体领导。② 领导干部改进了工作作风和工作方法。③ 提高了职工和干部的思想觉悟。

领导方面的作风转变思想作风工作(作)风，因而影响了群众，激发了群众的生产热情，政治挂帅，首先是发动群众相信群众，以[依]靠群众，过去是说的多做的少。职工觉悟提高方面可适当的加些例子，如修改定额，“两参一政”。在鸣放期间没有解决的问题，主要是福利问题，如工资等，目前的问题质量、两参一政，需进一步的提高，干部作风需要进一步的改进，如干部参加劳动。破除规章制度，没有建立新的制度，领导作风需要进一步的研究(干部搞试验田)，职工劳动纪律不好，和对一些反党反社会主义的言论怎么办，技术革新。

今后方向，技术革命，文化革命，进一步开展竞赛，竞赛的中心和内容是迎接国庆。

目前总的工作，每年要鸣放一次，迎接国庆，大搞文化技术革命，召开庆丰大会，星期一六点开职工代表部分党团员参加(组长以上干部)大会的开法，总结报告，各小组发言，加上各小组汇报，工人代表发言，互相挑战应战，把竞赛高潮掀起来，先进小组两个，技术人员一个，工会一个，会议主持者，纪硕钰、马德海、杨金和、杨锡荣、张钧孚。职工代表大会星期一下午三点。

二、当前的政治运动——卫生运动，一车间好，二车间平，三车间次，星期一大检查，我们厂是白旗，是检查的重点，组织突击力量，扫各车间。

## 总支委扩大会议

日期：一九五八年八月二十八日

时间：上午八时三十分

出席者：王从仁、王建常、李树仁、马德海、李志增、李连贵、樊东智、窦宪素、各车间主任、各办公室主任(。)

会议内容：关于没原料要停产。

李树仁：虽然没有原料，胶鞋不能做，我们还要鼓起干劲，我们研究一下停工怎么办。

一、研究生产，目前我们还有 20 吨好胶，3 吨聚氯乙烯，共能生产三天的原料。二车间停产后的安排，如二号停，有先后的关系，如刮烯，今天就要停，明天裁断完成了，现在还要到号，压缩储量，最晚停的是打眼，在6—8号，停全厂要取得一致，刷包头8号，搞副业，二社和五缝过去就是做衣服，有50%的(厂部在内)做衣服，苫布、皮便鞋布等主要是找门路，还有一部(分)人(200左右)是否可以开展多面手的学习。有问题：

① 时间。② 二社会五缝的工资。

一车间，根据我们车间来看停不了，就是干嘛的问题，炭压部今天完了，补号齐活，混胶二吨6 200，每天的收，3 253这是轧加工的收入，84 578每月的收入。如果在出料的老轧胶工也轧胶，开之班半，把人大体上都有事做了，就是做嘛事。

1. 再生产，大还不够(原料到安徽省联系)。2. 平板胎，把补助去做平胎。3. 胶管，如果加工每月收10万多，够全厂的工资，如果做再生胶，平板胎和胶管，利润还能找回来。

三车间，1. 做农业工具机器。2. 农药肥料。3. 合成胶。4. 儿童玩具。5. 做布鞋。6. 水泥。7. 烧砖。

原动，徒工多师傅少，车床也少。

顾：平代胶管可以做，发泡剂，增缩剂，可以作，白橡胶，聚氯乙烯，做耐酸耐碱的手套和联华橡胶厂借，其余的作杂品，防老剂，硬质酸，水洋酸，聚氯乙烯。

李瑞伍：1. 合成胶。2. 水氧[洋]酸。3. 锌氧粉。4. 发泡剂(原料合成胶有，就是设备问题)，锌的原料有问题，准备到染化七厂找废料去。

朱之熊：基础性的不能放，胶管，胶代，再生胶，要搞，另外利用废布角作毛毡，另外做绝缘胶板，自作上布，氯化锌，硬质酸，胶鞋不做，可是使鞋水泥，废铁翻修，自己搞基建〈，〉(再生胶做布鞋底)。

王从仁厂长：我们的方针，抗旱，搞基础性的生产，劳动力不能浪费，五缝工缝工能随便调动，到各处找活，自力更生，二车间也可以组织小组到处找活，除此外，还有多少劳动力。

一车间加工，供应三车间再生胶。

保全给明年打准备，明年正式生产胶管，平板，机器设备的大检修，缝工代不过来，可以到外边训练，缝纫保全还要有，平板马上可以小量生产，经营继续，向外地找，水氧[洋]酸，发泡剂以仓库技术科为主，先易后难，耐酸，耐碱手套。

三车间不能全停,先研究做布鞋,余下的人可以支援别的厂,暂借不浪费一个劳动力,最后发动群众怎么办。

王建常:我们生产平代,管胶马上生产,要有分工,有几个技术性的关键问题,要解决可由技术科和保全包起来,调动人要统一研究,要有计划有步骤的一点点的停下来,思想教育是个大事情,合成胶要马上研究。

刚才公司来电话要出口任务,可以给胶,现在没有进口,可能下月来,目前做胶带,设备可以支援一下,能做聚氯乙烯就能做氯厂胶,目前也要考虑长远的,能够七马的排到第一位。

给今后发展结合,这是暂时的问题,要自力更生,停工也要支援重工业,支援三个元帅,在一两天中很群众交待[代],做储备,有计划有组织有领导的向外联系,上班照常,工作需要抽就要抽,不需要还照常业务时间,破的多,立的少,需建立制度。生产经营办公室组织采购原材料小组,二车间组织包括小组,一车间组织生产小组,技术科组织试制组,明天向群众见面,厂长做准备。

日期:一九五八年九月十三日

时间:下午二十时

出席者:李树仁、王从仁、李连贵、窦宪素、马德海、樊东智、纪硕钰、赵忠良、陈大钊,各科长、主任等(。)

会议内容:关于搜捡废钢铁(。)

李书记:区委关于搜捡废钢铁的任务很紧急,分配我们的任务50吨,凡是不能用的废铁、废钢等,能用的不属于废钢铁,应把我挑捡的东西分类过磅,集中一起准备开运,把那些有的机器放在适当的地方,准备留用。我们应认真有多少报多少,即[既]不虚报又不保守,把所有的机器进行认真的检查。

王从仁:中央要求1 070万吨,天津市50万吨,一定要完成,一吨不许少,我们自己的备用设备和经常的维护设备暂不动,另外关于清的机器,我们不用,要考虑见第厂,除此以外一律清仓,如果这样我们的50吨任务是完不成的,各方面立即组织大军分为厂内、中山路、公社仓库。

日期：一九五八年九月十五日

时间：上午八时十五分

出席者：李树仁、王建常、王从仁、李连贵、唐风[凤]仪、池忠鳌、窦宪素、樊东智、马德海(。)

会议内容：全民皆兵，卫生，9月份工作安排(未)，生产副业排队，干部调整(未)，半工半读(未)。

王建常：

一、关于9月份的副业，目前醋酸、耐火砖、洋灰，搞副业不能脱离正业，第一合成胶，第二聚氯乙烯，第三炼钢、洋灰、醋酸、耐火砖。停工后我们的副业什么也有，我的意见应集中起(来)，搞洋灰、炼钢、合成胶，年产二[两]千吨，投资需4 050万，还需要一套设备，这种设备和聚氯乙烯差不多，醋酸先搞，不把他[它]当成重点。要克服困难，大搞聚氯乙烯和合成胶。

李连贵：我的意见主要搞合成胶，将可解决自力更生，解决了根本问题。

王建常：钢铁要搞，对咱自己有好处，特别重要的是合成胶和聚氯乙烯，搞它一吨二吨，房子问题军队把6—7号房子已答应给咱先搞聚氯乙烯，后搞合成胶，研究一下进行分工。

马德海：我同意李书记、王厂长的意见，但我的意见在进行方法不要分开前后，而要同时并举。

樊：同意王厂长意见，要有分工，要全党抓。

王从仁：从咱们目前来看，主要是缺汽保全工，明年我们要大搞胶管，明(年)是大跃进的一年，上级要求我们产值增加95%，我们要建立0.5的小高炉，一年可炼一吨钢，在设备鼓风机等需要外来，这些东西光靠一般的协作是不能解决问题，把保全工进行排队，根据咱厂来看，从长远来看，我们是橡胶行业，要解决根本问题。当前的准备工作炼钢、合成胶、聚氯乙烯，然后再炼铁。

窦：首先分干部和工人配合，先别摆困难。

王从仁：先搞炼铁炼钢，第二步合成胶、聚氯乙烯。

池：我也有一个意见，搞什么副业应在总支委研究，我同意大家的意见，另外还要搞翻沙，它对我们有很大作用，应分一下主次。

樊：可以分成主次，向三个元帅一样，那主要就集中精力搞，同时并举但要主次。

王建常,[:]洋灰不能放,一天可烧几吨,现在有一个粉碎机,粉不出来,是否用一台轧胶机加快速度,四个方项[向]同时并举,但要制造上错开,在开始尽可能的不动铁工,先搞小型试验。

李书记:原则全面抓重点建,目前的重点钢铁,后洋灰粉碎,后搞合成胶,[、]聚氯乙烯。

唐:不能分为那[哪]个在前后,而是那[哪]个先试验成功,先搞那[哪]个,要同时搞,遇事服从钢铁。分工:钢铁:李树仁、李连贵、樊东智、李志增。合成胶、洋灰,[:]马德海。每晚下至八点,碰头(有事请假)。时间要求,钢铁一定要在国庆节投入生产,向国庆献礼,我们的口号争取国庆出钢。王建常,部队房子我们要下。

二、关于卫生,中央精神国庆节前要干净过节,今天明天要彻底大扫除,明天动员几十突击,下午中央检查,今天继续突击。

三、全民皆兵,咱们也成立了一个指导员,团长王建常,我们准备组织,报名大搞,具体工作由人事科做,目前发动扩大群众参加报名,把群众发动起来,以后搞好生产,前线需要我就倒入前线。

日期:一九五八年九月二十日

时间:上午七时五十分

出席者:李树仁、王建常、李连贵、唐风[凤]仪、马德海、樊东智、窦宪素、宋树棋、陈大钊、贺瑞裳、纪石玉、池忠鳌、何贵利(。)

会议内容:关于炼钢工作目前情况和下步工作。

王建常:生产方面首先召开车间主任会,研究产值问题,目前一车间的产值最大。① 存在问题,平板压力没有刻面,问题在原动没有做。② 平袋折叠机。③ 传送带、滑车,这些问题解决了,产值可达 60 万,三车间 124 万,二车间 16 万,方法上放卫星,小组评比,上半月只完成了 18 万。

李连贵:关于目前炼钢情况,首先开始抓原材料,铁板、煤砖、铁轧、鼓风机、用电基本联系上没有问题了,还缺些原料,今天电业来安线也买来了,炉的准备已动一半,地点固定了,今天瓦工即可动工,现在困难氧气和运输。

贺瑞裳：彭［鼓］风机有一台，还有水的问题，吊车有了耐火砖已有 2 500 块。

陈大钊：8 日王从仁厂长布置六项工作，已基本完成了，现在盛［剩］拉平代［带］的机器，平代［带］机前天完成，为什么不用，底下有几个小沾。我们用钉子代替，工人们不愿用，我们抽掉了二个全工和一个木工去支援一车间，关于炼钢问题，大部分师傅都放下了自己的工作来搞炼钢，但工作进展不太快，工作进行了二—三天，但因缺氧气，现在炼钢炉和转盘炉的图形已确定，另外关于鼓风机的大小和耐火砖的，应想办法不用酸性砖，用碱性砖。

纪硕钰：关于运输问题，也很紧张，到现在我们的钢板和铁轧还没有运，汽车又坏了，氧气到各（地）跑了也没有，氧气厂也联系了，叫他多给咱们点。

马德海：关于砖的问题，需要钢厂化验。

王建常，［：］昨天刘亚书记来和咱谈钢问题，在农业上粮食基本解决了，在工业上到明（年）每人一吨钢，三年后，明［每］年翻一番，将来我吃饭不要钱，穿衣服不要钱，具体到咱们厂，万书记意见二万吨，0.5 的转炉，国庆前出钢，再搞一个1.5，在 10 月 15 日出钢，产值到年底 2 500 吨，地点在 14 中学，做一个炼钢车间。

李书记：一、1. 生产问题，9 月 124 万（产值）测算，41 万上二旬完成的不好，就看下一旬的，因此日产量每天抓一次，只能超不能完成一定要完成，厂级抓车间，车间抓小组，不要浪费一个劳动力。2. 抓评比小组的车间的掀起竞赛高潮，迎接国庆，加强宣传小组评比分任务，9 月份可进行小评比。3. 克服困难抓重点，一切要服从以钢为纲，能使用的就使用，要克服一切困难支援钢铁，重点抓一车间，把有技术的到一车间去协助。4. 新工作有困难要找窍门，不要蛮干要巧干。

二、炼钢：1. 原材料已抓一些来，目前需要检查和化验，干劲要加钻劲。2. 抓进度，缺乏领导人员问题等进行安排，培训问题等，小组得有个组长，有的做全安排。3. 自搞一个大平炉，咱们根据刘亚书记意见是否搞炼铁，如果炼铁先搞小市炉，接着建高炉。4. 洋灰目前经过化验达到 400 号，也要搞日产 20 吨，争取把 100 吨的日磨机拉到咱厂，将可把那组成一个车间，派二个同志去掌握。

李连贵：抓一车间，但三车间也要发动，有些有厂子苦战，可是咱们还有

□点来点是。

马德海：关于炼钢的领导人员的组成从原动多出些，我同意书记意见。

王建常：我同意书记意见，目前还有 7 天时间，目前的制造安装，应把这一任务交给群众，叫大家鼓劲，结合抓第二个。

池忠鳌：我同意大家的意见，目前我们有二[两]个艰巨意见，我看各车间的领导问题，应把领导力量进行分工，把炼钢力量仅从科室里抽，这样做到不影响。

樊东智：要想把钢炉很快的建立起，而且还要建大高炉，但是如何是近道问题，我的意见还是在厂内比厂外有利，比如自来水问题，变压器问题，工人操作等问题都便利，再有组织工作力量要下大些，但车间力量也要考虑生产问题，9 月份问题不大，10 月份可能还有些问题。

纪硕钰：我同意大家，关于组织问题还是大问题，应该厂长、书记挂帅，另外车间的领导问题也需要安排，现在应分工的生产准备和建炉等，培训，跑材料，把人组织起来，再有如何发动群众还是有必要，召开干部和职工大会，明(确)任务，也能进一步明确当前任务，推动生产，另外要多用土洋结合，炼铁、炼钢可以并举，但可以先集中钢。

唐风[凤]仪：钢的问题现在主要是答炉，可以苦战分为二—三班，组成领导可以现有这一堆再抽出些干部，做些生产准备，组织参观等，召开干部职工大会，发动群众，池召开工人会，李召开干部会。

钢铁办公室主任王从仁：副主任李树仁。成员：樊东智、李连贵、纪硕钰、马德海、何桂钊、陈大钊、杨绶曾、徐根堃、宋树棋、贺瑞裳。

日期：一九五八年九月二十日

时间：上午十一时零分

出席者：王从仁、王建常、李树仁、樊东智、马德海、韩耀明、池忠鳌、唐风[凤]仪(。)

列席者：纪硕钰、李连贵、宋树棋(。)

会议内容：关于 9 月份的生产，关于全民皆兵。

王从仁：关于 9 月份生产情况说明，要克服一切困难，完成生产计划。

转[传]达区委会议，关于红旗厂的宣传。全民武装，鼓足干劲，动员六亿人民合民武装，迎接国庆，庆祝各方面的跃进胜利，防止浪费，这对国际意义很大，区组织 15 000〈万〉人的队伍，把我们的成绩用各种图表表示出来。各级领导干部都要抓原材料，困难全民皆兵，要求国庆节以前要求军事化，大力宣传目前形势。

李志增：我厂组织一个团——东风团，三三制，男基干一营，男基干二营，东风团长王建常，政委书记(副团长王从仁：池忠鳌)：基干(男女)1 791 人，副政委窦宪素、池忠鳌、唐风[凤]仪，参谋杨真乾(团)。

王从仁厂长：今年中国的大跃进，不次于苏联的二棵[颗]卫星的上天，对世界的振[震]动很大，对世界各兄弟国家开始都半信半疑的，最后都赞扬，资本主义国家又怕又疑，中国共产党在世界上很有威信，毛主席在世界上是很有威望，1—8 月份钢的产量才能 16 万吨，[、]15 万吨，因此要继续发动群众搞钢，要分秒必争，时间不让。

李书记：因市区委，[、]市委给咱发各通报，关于藏电动机的问题，从反映的事是有这么(回)事，情况有所出入。

王建常，[：]拉机器为嘛这样积(极)，那时咱们的年计划等着往上报，经过几次测算达到局里要求。因此我就把所有的设备能利用的利用，尽量不花钱，在这种情况下各厂经常到我们调拨机器，在这种情况下，研究搬家把办公楼变成生产车间，把那些措施投入生产，结果我找老韩同志，谈叫他把机器拉回来，可是老韩很长时间不拉，结果我就急了，是为了实现跃进计划，实现措施扩建。关于对话的事，我记不清，日期在 7—8 月份，那时我已住医院，后来因调一个小锅炉把他批评一次，因为他自己做主把锅炉调给人家，即[既]不请示领导也不向领导说就自己做主了。

池忠鳌：一、关键问题在于之间有区别。二、情况的反映总是有些过程，是否把机器调拨给别厂才拉来的，刚才王建常表态也说过了，是为了搞基建，这个过程我记得有这么一回事，不知是总支委会还是个别碰头的，有这么回事，从这些情况来看，反映的情况有些出入。

日期：一九五八年九月二十三日

出席者：李树仁、王从仁、王建常、池忠鳌、樊东智、唐风[凤]仪、李连贵、窦宪素(。)

会议内容：关于藏电滚问题。第四季度的工作安排。

王建常的检查：1. 自己电滚问题发生以后，区监委来了很多同志搞，在当时情况，我个人认识还是不够的，经过同志们的帮助，对事情的看法有提高，现在先把简单情况介绍一下：压电滚子上发生了错误，尤其我是较严重，开始由于水平的关系认识不到，经过张书记的帮助回忆，认识到都是个错误，经过回忆，在 57 年 12 月，局里召开会议传达 58 年的计划，是口头的没有文字东西，在开始，满足不了中百的要求，做了第二次文提了意见，局里提关于投资问题，局里批 66 万元，第三情况变化就急需，在投资上是这么多，设备尽用就设备这是一个原则，也有一部分调点，当时的情况是用的，我们要用应调的要调，当时仓库里存多少电动机我也不知道，当时的编制有几个电动机，当时措施不能实现，根据毛主席精神，五年看三年，当时就把办公室腾出来为生产车间，其中有很多措施需要电动机，因此我经常的催原动车间，当时生产跃进措施跟不上去，突出强调没电动机，当时通知韩耀明同志几次没拉，结果我就发疲[脾]气。情况是这样，但自己检查错误开始还是模糊的，认为自己兢兢业业的为党，往回拉是肯定的，但是拉回后具体怎么使用，还没有向同志们交待[代]清楚，对外影响了协办关系。

第二，认识不到错误，强调时间，不在现在的时代，第三，时间不是在协作会以后而是以前，第四是卫生检查以后来拉的，没有考虑到，四是否有变化而思想没有很好的跟上去，因此在开始认识不到。

第四，协作搞的不均，这是对总厂协作自□。

三、情况，我们的基本建设和措施跟不上去，当时我们的计划共有 9—10 台，根据这一精神自己越检查越认识不到错误，由于有这种思想认不到，自己的错误思想跟不上形势的发展。

现在通过张书记的帮助，比过去认识一些，思想还是跟不上形势的变化，主要是学习不够，对我为人人作我的共产主义风格认识不足，协作入党早就提出，但自己满足自居，这是由水平不高发生的错误，我个人表示请领导给予处分，今后在机器、人力我们不急的大力扶持兄弟厂，在钢铁让路上只要我们有就交出来，不应该只看自己的小圈子，坚决执行党的协作问题，总之我的缺点是严重的，强调时协作自居，搞基建，自己的认识不够深，希同志们帮助。

通过检查接受教训。

王从仁：我对老王的检查，开始自己感到苦恼，究竟怎么回事闹不通，我认为老(王)的觉悟不高，虽知市委指示，但在思想认识很浅，有时动摇，另外通过市委、区委检查的初期，有些不冷静，强调这次清仓，而对过去的认识模糊，不很好的检查，反而认为自己有充分的理由，当然也有些克[客]观，强调措施基建，忘记了共产主义大协作的精神，从思想上强调贯彻党的政策较差，只是见物不见人，不是大公无私，拉回这放一个那放一个，没向下边说清情况，自觉执行党的政策较差，思想跟不上事务的发展，错误应该首先检查自己，党给予处分是领导教育。

唐风[凤]仪：从王厂长的检查是很必要的，特别在这种共产主义大协作的时期，有些同志的发言也有些这对那错，这次检查对咱每个同志都有帮助，我们科意做的对不对，如果虚心检查就知道咱们做的够不够，通过(这)次检查也应把以前的检查回想一下，在协作我们还是有问题，关于电滚子事多少是有些问题的，我认为王厂长的态度还是虚心的。

窦：从监委、市委检查有些地方还是不能正时[视]起来，如时间问题，到处是怎么回事，是否就是怕兄弟厂调，另外厂长在问题发生的态度上不太好，这还不只是厂长一个人，总支委员会都不够虚心，厂长自己说："我是执行者，总支委员会决定"，错误认为是大家的，在厂长行动上说袁全鸣不怎么样，说袁是什么目的，并说王从仁厂(长)说这个问题很难看，我怎么办，我去上吊去，从各个方面都表现事不虚心。

池：事情发生后到处嚷，经过几天事情已经闹清，没有看到错误的一面，问题发生后只认为中央提出前后，实际中央八大以后就提出来了，说明我们对党中央文件学习的不够。我记得新大楼改车间，电梯总是按[安]不上，工人给我提意见，我也批评老王，因此王厂长给韩打电话叫他赶快按[安]，但昨天和韩谈不是这么回事，以行动上看是有些问题，这样对王建常本身和我们都有很大的教育，另外对这事情的认识，老王同志对这问题认识不同，不明确，拉些克[客]观，说我们要扩建，投资少，要利用旧的设备，问题发生应做一次教训。

樊：王厂长的检查能够虚心检查自己还是对的，从上次的总支委员会上只是强调时间，通过今天的会，在我思想上也明确一步，只有从整体出发才能搞好协作关系,关于电动机的问题还不够明确。

李树仁:老王同志从昨天我们交换意见才有所认识,自己只要能够认识错误不深,大家可以帮助,我同意老王同志的检查,认为自己协作自居,也说明思想水平不高。能够虚心检查自己就是好的,另外和张书记谈话说拉电滚子是为了促进措施投入的快,希望今后要学习领导指示,我们是领导干部,如果对党的政策领会不深就会犯错误。我自己对这个问题起初是不够重视,只叫赵忠良查对就完了,没有把这个问题看成重要,通过这几天和大家的发言,这个是很严重的,自己是书记应负责任,总支对检查执行党的政策方面不够,老王同志有错误,我也请示领导给予处分。

王建常,[:]一、遇到实际问题就顾虑,调走了□□□完成任务,电动机拉回来是事实,在政策上犯了错误拉回来,王与贺说拉回来省的[得]找麻烦,拉回来没有及时用起来,情况变化了,没有跟上去,这个错误在我身上,请求给予处分。

池:对王的检查,在认识上大大提高一步,勇敢提出给予处分,问题的发生在时间上一律不讲也不对,如果发生在钢铁中,就有问题了,在钢铁上马还是积极的,让经营办公室彻底清仓,王对错误还应追一步,不给处分,在实际行动中来体现。

唐:同意池的意见,问题的发生是有错误的,但对问题的态度还是能认识的,而且表示改正的决心,最近从协作表现很好,通过这次吸取教训。

樊:通过这问题是有错误,能否考虑接受教训,处分的目的是为了教育,在实际行动中是积极的,但是不等于没问题,还要检查,不给处分。

王从仁:同意大家意见,但我不同意,我是执行者,责任到底在身上,有些问题应搞清楚,到底是谁的主张,谁的错误,还是总支决定还是几个人的意见,自己错了就负责。

窦:王厂长做了检查,但同志们的意见要考虑,写一份书面材料,根据现在情况不给处分,希望把责任搞清。

王建常,[:]我记得有这么一回事,计划下达了,牵涉各方的设备扩建,像这些重大问题,必须要经过总支委员会讨论,具体到电滚子回拉,我是执行者,上次我是这样谈的,通过回忆,我记得李书记有这么一句话,应该调的调,不应该调的一定要留下,这是一个精神,我记得贺科长给我说,我们的电滚子不能调了，我们都安排了，那时我和书记把每天大事小事都碰头汇报，是否请大家回忆。

池：我也回想好几天，也想不起了，那次按[安]电梯，我记得，结果韩耀明说不是那么回事。

王建常，[：]我记得就是(这)一回事，我就回忆到现在。

李书记：根据这种情况，虽在时间上有出入，但自区委检查态度不好，同意同志们的意见，不给处分，召开党员科长级干部会又检查协作的缺点，后写书面材料。

张书记：写个总支决定，总支委员会也说过了，错误应搞清责任，拉电滚子就是怕调兄弟厂，错就错在一些〈地〉责任问题，老王同志应担负起来，你是厂的主要领导干部，要严格的要求自己。总支责任在经常检查政治思想做的差，这次要吸取教训，但今后也不应消极按着党的政策原则办事，今后工作注意，今后总是对每个同志的监督，有些大问题应拿到总支讨论。

日期：一九五八年九月二十四日

时间：上午八时二十分

出席者：李树仁、王建常、王从仁、李连贵、李志增、窦宪素、池忠鳌(。)

会议内容：关于第四季度工作计划(。)

总产质[值]3 076.48 千元。

产量：胶板 150/254 吨，平带(平方米)1 000/3 000，工作服 58 500 套，手套 3 375 打，球鞋 10 000 双，纲[网]球(鞋)357 000 双，聚氯乙烯球鞋 2 000 双，胶管4 000 公尺，沿气管 5 000 公斤，钢铁 1 200 吨，轧胶加工 600 吨。

李书记：召开会议(刊)调整劳动组织配备力量，提出措施，搞些新的高品种。

王建常，[：]我们现在人、设备没问题，主要是再生胶问题，这就需要抓措施。

池忠鳌：如果原料没问题，产值要超多少倍，4 000 万也有力量，如第一个计划没有问题，区委的计划也能完成，这就需要措施，如没有措施，那[哪]个计划也完不成。

樊：关于再生胶和汉沽订了合同，每月给咱2吨，另外南洋准备到朝鲜、广西、广东等采原料，如南洋没有问题，咱们还好些，另外汉沽的2吨现在都以钢为纲，不给咱拉运。

王从仁：我个人意见，按第二本账报，把情况交待[代]清楚，当前的主要关键原料问题，目前的措施组织人员找原料或代用品，关于钢问题另报。

李书记：我的意见措施不定是单独组织采购，可发动大家节约，不但完成产值，对其他问题也可以完成，组织行政干部开会，抓10月份的计划。

朱之熊，[：]有利条件电没有问题。

书记：

1. 报第二本账，把情况说清，争取完成任务。

2. 召开行政干部会议，细致研究纳入措施，节约代用。

3. 除此以外，把其他指标进行全面测算，到年□□完成不多少？

4. 抽出力量，赶快抓10月份的计划。

池：我的意见还是完成第一本账，应该看完成一本帐[账]有没有根据，如果第一本账还没把入第二本就成问题了，最好的办法是发动群众，叫大家想办法。

日期：一九五八年十月八日

时间：上午八时二十分

出席者：李树仁、池忠鳌、李志增、马德海、唐风[凤]仪、樊东智、窦宪素、王从仁、王建常、李连贵(。)

李树仁：

一、9月份二大问题，第一发动群众抗旱，在中旬抓生产掀起高潮，主要是抓竞赛，抓产量，抓钢铁。① 10月份产值107万，有很多困难，到年底还有200多万未完成。② 10月份劳动力富裕，月份怎么办，天气快凉了，我和王厂长的意见，一抓钢转炉，二在冻以前把洋灰增加力量，大搞洋灰，三、在上冻把钢铁、洋灰厂房盖起来，要分头组织力量，如天一冻，就干不了，在上冻前把所有的劳动力使用起来，有很多困难，如砖等。

二、1959年怎么干，市里对我们的看法，如果光做鞋，原料可能还有困难，前几天市委的同志也到我们这来过，我们的意见，搞合成胶，需要 200 万和钢金[筋]，现在进口 5 万吨还没有分配，我的意见用我们的厂房，如果市委协助到年底搞成，明年即可投入生产。

三、整顿组织，委员 11—13 人，团的组织、工会都要整顿，工会组织基层，[、]工会和职工代表会整顿。

池忠鳌：在 9 月份，我们的工作有些不是全面抓，我们在技术革命、文化革命方面，10 月份也应把起来，现在急需要的在 9 月份，我们发动群众做了不少工作，因此在 10 月份的干部还要分工。钢厂确定人数名额，党政工团，还有一个问题，在建高炉工人干部一起干，如果经苦干，还是有问题，我们对他们的关心不够，如夜班吃饭，现在急需解决，我们的意见夜间加班，我们要管吃，干到 9 点以后要吃饭。

李志增：钢厂的问题乱些，在刚开始领导会关心的，从钱数上看是不少的，但主要是粮食问题，时间确定下来也好，我同意池主席意见，把人固定下来。

唐风[凤]仪：今天研究二[两]个问题，一、10 月份工作，二、常[长]远打算，关于做鞋问题，我也听小组研究过，关于橡胶厂问题，现在把 10 月份的工作安排下来，把富裕的劳动组织起来，要有专人负责，关于洋灰和钢的问题应把党团组织固定下来，在做鞋方面质量上是不成问题，人员还是有富裕，如□气机增加一个，还有胶管，胶轧不出来，钢厂适当的配备力量。

李树仁：10 月份的工作，总支委员分工，洋灰 30 吨，钢厂建炉一个，生产问题。

马德海：我同意劳动力的使用，盖厂房，从二车间党在钢厂的有些思想问题，嫌累嫌脏等，我同意建炉，组织整顿这是加强党的领导，生产问题，把 9 月份抗旱的先进事迹，召开大会向群众公布，关于钢的问题，成绩很大缺点也有，在当集中力量很大是对的，从我们建炉时间看，如果不集中力量，是不会这么快的，在缺点上也有，但在当时这种情况下也不可能很好。

樊东智：上次会议的副业排队，钢、洋灰、聚氯乙烯、合成胶，这次又提出盖房子，这很重要，应该全面领导进行分工，关于原材料和运输问题，劳动组织要便于集中，领导要分成原材料供应小组，应注意学习盖图书馆的经验。

钢，建平炉一个，问题一个是劳动组织和技术，生产管理，原材料供应，盖房要简单,劳动组织要正规起来,生产盖房。

钢铁丝毫不能让步,我们是五点,生产方面,现在是提汗技术,设备等都准备好,准备明年上马,在生产中的根本问题抓起来,亲自动手,锅炉问题,新产品问题。

现在我们炼钢问题,主要是修炉技术需要到外边学习,炼钢的需要两班人,由车间调要好的到外边去受训,15—20 人,身体好,政治条件好。

总结工作,指示下段工作发奖,另外加强政治思想领导,我们对职工也照顾了,完全否定也不对,当然还有些缺点。

我们对工人关心的,精神鼓励,奖励,晚上可以吃饭,行政科应深入工地全力为钢而战,应把食堂问题解决了,使职工吃的[得]好,洋灰问题数量上好办,质量上应研究,要大干,但现在有两个问题:一个是领导问题,再建二[两]个大炉,现在突出解决团球问题,如果成绩好,再搞两个,盖大厂房很简单不漏风,领导问题,生产 300 吨,不是简单问题,我的意见是现在的修建两个可延长的就延长,集中力量盖房,把所有的力量,砖都用到洋灰钢的方面上去,劳动往回调否的问题,看看情况再说,我们现在特别需要男工,女工该借的借,都是为了建设社会主义,研究全面分工,该做嘛的做嘛,不能乱抓。

王建常:我同意王从仁厂长的意见,应把成绩肯定,发动群众有信心,9 月份的工作完成的[得]好,在 10 月份是否还这样提,增加新的内容,10 月份的生产应进行讨论,9 月份抗旱多品种,10 月份抗旱搞产值,对明年的计划也要拿出来了。合成胶的问题,很重要,目前情况很好,从技术上完全解决了,主要是基建问题,计划做出报市委,关于劳动力问题暂不确定,关于洋灰有任务,把泥瓦匠都集中到那去,10 月的口号不变,钢筋抗旱。

李树仁:钢,① 建立党团工作组织,调整骨干把不行的换回来。② 建一台〈,1.〉转炉。③ 技术原材料小组。④ 吃喝休息。⑤ 走入正常生产,过技术关。⑥ 奖励(保全瓦工),每人平均 10 元左右,不超过 300 以内,(干部在内,党总支委员,另外研究)范围适当扩大。

党的书记李连贵,其他组织全由他负责。

洋灰:抓:加强领导抓产量质量,团球机,质量保证 39 度产量,300 吨,盖厂房,建炉。

生产:质量,原材料,评比竞赛,搞起群众活动,加强生产劳动组织调配。

基建：所有大基建，小基建以钢为纲，首先进钢铁、洋灰，组织一部分人。

明年生产：抽出时间进行讨论，合成胶很快上马，先向领导打报告。

分工：（文化学习，技术革命，整顿组织，调整工资带着干。）

生产：文化革命等，池、窦、唐、王建常。

洋灰、钢铁，樊、李连贵、马、王从仁、李书记。

团委书记：樊东智一分支。

下次会议：总支改选，人员配备，明年计划党员转正，工资问题。

日期：一九五八年十月二十二日

时间：下午二时二十分

出席者：李树仁、王建常、池忠鳌、唐风[凤]仪、窦宪素：及各车间主任、主席

会议内容：一、根据区指示，调150人，要做思想工作。二、关于预备党员转正。

李树仁：根据各车间情况看，现在去的红旗还是多的和家里相差不多，我们的思想怎么做，天津晚报这两天连续登载大中华，抗旱和搞钢，现在这两天要有人的，我们学习市委，准备要在我们厂里召开现场会，希望同志们不要骄傲，继续努力。

我们现在炼钢的任务很大，希望同志们好好的[地]抓一抓，这是具有世界意义的。

池忠鳌：关于区委向我们调人支援钢铁150人，这是一项很大的工作，需要做好多的思想工作，不要叫工人走时吵吵闹闹，现在工人还不知道，我的意见向职工公开，使他们自愿报名，支援钢铁开张，除此(之)外，也可以用大字报辩论，以免背[被]动。

李树仁：我的意见，公开分两步：第一步钢帅的意义，使工人从思想上认识到支援钢铁的光荣任务，为了加强生产(钢铁)力量，完成1 070万吨的钢铁任务，不提长期、短期，组织小组报名，提出决心，调到那[哪]里就到那[哪]里，最后由厂长批准调谁，谁走，发动小组支持钢铁开张，那[哪]需要到那[哪]里去，不怕困难，不说外调，首先说明任务的重要性，后就决心去，为了搞好生产，

搞好炼钢和支援外厂,干部在内。

王建常:这次支援钢铁开张,我们有什么出什么,有人出人,要把他形成高潮,自己报名,申请,经领导批准。

池忠鳌:和生产炼钢同时搞,如果发现问题,可以辩论。

樊:要提就提得鲜明点,可以大公开小保密。

窦:就把问题说明,前边讲重大意义,后边就报名,对工人的有准备,对做思想工作也好做。

李书记:就是要调为了支援钢铁元帅开张,我们是轻工业的厂子,要支援重工业,要去一部分人。首先说明我们今年钢铁开张的重大意义,我们需要支援,就要我们那[哪]里需要到那[哪]里去,明天厂长在广播器,中午讨论,下午大字报就出。1. 目前生产和炼钢情况,各车间外边的自己负责,钢厂由连贵负责,今天人是变少了,各车间要重新安排,今天要把名单定出来,明年二车间任务不太紧张,需要支援一车间,以后凡是〈由〉女工可以做的,就由女工做,不用男工。

〈2.〉关于预备党员转正:

赵忠良,主要缺点:工作散漫,组织性不强,不主动提出转正,对党认识不清,工作不实地,支部意见延长预备期一年,觉悟不高,脱离党的领导,工作不〈是〉踏实,从现在起延长预备期一年。

代少华,历史有问题,过去做过调查,没做结论,过去是小组和支部已通过转正,历史上□道、圣贤道、忠义普社,各方面表现,对统购统销政策不满,其爱人做儿童玩具批发商,偷税代支持,偷买代在家给卖,代请病假给爱人串木珠,停止预备期。

马鸿珍,本期病号,病前在各方面情况都很好,按期转正。

张仁述,其岳父是国民党的中尉,历史没有大的问题,个人历史清白,代支部会上讨论转正,大家提了,因此他打了爱人,经过教育有了认识,现在表现很好,按期转正。

王德奎,历史清楚,和孙风鸣是亲戚,工作踏实,埋头苦干,工作细致,对各种学习很好,在社会活动积极参加,工人作协会,缺点有些好人主义,从炼钢每天工作16小时,思想靠近组织。王建常,我对这个人不太了解,代9.30国庆前夕,出了事故,大泵坏了。(19)56年曾经从香港来过匿名信,保卫科已撤销,从现在起转为正式党员，补充大泵事故的认识。

日期：一九五八年十月二十七日

时间：上午九时三十分

出席者：李树仁、池忠鳌、王从仁、王建常、李连贵、唐风[凤]仪、马德海、李志增、窦宪素、陈大钊、樊东智

会议内容：一、(原文如此——编者)预备党员转正。

王德奎，在预备期中历史上没发现问题，工作一贯积极肯干，从现在看，每天工作十几小时，自发生大泵事故后，对工作认真负责，工作仔细，关于有些好人主义，开展批评的问题，通过支部帮助，现在已有好转。

王建常：该同志据陈大钊同志介绍，现在工作表现较好，但是对工作责任心不强，如水泵事故是个最大的事故，自己还不虚心检查自己，对政治影响和经济影响都很大，曾记得李书记提出处理意见，另外，工人说他写稿是为了挣钱，但工人为什么说他这样的话呢？就是因为没有担起本职工作，而单纯的为了钱，还有些小资产阶级意识，与资本家孙风鸣的关系闹不清，还出一次机械大轴折。

马德海：事故应闹清原因，虽在他的班上，但应搞清这次的分清责任。

樊东智：当时出了事故，我们怀疑是否有政治问题，经过调查结果，经过老师傅们的讨论，他才承认，这是大泵，22＃轴断主要是缺油，当时群众反映到王的就有事故，其他同志没事，老工人都说这个机器已几十年没有出事故。

陈大钊：我对事故有不同得[的]看法，应看问题的实质，他接刘根元的班，是早班，六点过十几分钟，就发生事故了，在一年来的工作表现很好，一车间曾表扬过几次。

李树仁：过去的事故是有责任的，根据现在表现可以转正。

池：能否转正，应从阶级观点去考查，应根据出身和当前的工作表现去考虑，事故发生后应给处分，没有给是我们的问题。

马德海：不应看这两个事故，应看现在的表现，从现在可以转正。

窦：我同意池、马转正的意见，因为问题已经闹清，我的意见从现在起转正。

李连贵：我意见从各方面考虑出身，工作表现，根据现在表现很好，我个

人意见从现在起转正,这样符合党章规定条件。

唐风[凤]仪:出事故不能打保条,但也不能因此不出事故,我们应帮助他有个认识,转正没问题,还应该对事故有个认识。

樊东智:关于转正问题,工作表现很好,在轧胶部和工人的关系很好,工作一贯负责任,历史没问题,从出事故开始,近一年没有出事故,我同意从今天起转正。

李书记:应注明为什么从现在起转正,就是因为他出了事故,把情况说明,出过事故责任心不强,现在表现好了,因此转正,从现在起即1958年10月27日全体通过转正。

薛占海,自入党后在作风上打群众,闹工资,有问题大吵大闹,但对工作还是骨干,成分好,现在表现比较好,从现在起延长预备期一年,全体通过。

韩金贵,从1957年支部转正,他的主要缺点,有些事不满意爱说,在工作上还积极肯干,认真负责,历史问题,按期转正,全体通过。

应给提出支部决议不下边变。

廉良璧,在各种运动中积极肯干,对个人利益方面还是很好,主要是爱说,因此引起群众对他的看法不好,按期转正,全体通过。

李广余,工作一贯积极肯干,服从组织分配,在各种运动积极,能起带头作用,历史没问题,对消防工作负责,按期转正,全体通过。

胡俊如,历史没有问题,工作踏实,对转正要求迫切,斗争性较差,按期转正,全体通过。

王建常:第一事故不应该说不在身上,(王德奎转正问题)。第二,工人意见写稿为了挣钱弄清,他不写了,这是小资产阶级意识。

李连贵:我向党组交待[代]一个问题,即参加反动组织,供给社,组织人李记斌动员我们参加这个社有好(处),如生活发生困难可以补助,谁参加交象[相]片,当时我们交二[两]张,过了一个多月就解顾解了(原文如此——编者注),当时自己也没把这个事当成一个事,也没向党组织说,填表没填自己也记不清了,认为这个问题是在厂内参加,厂内有很多老人也都知道,这种想法是(不)对的,经过书记的谈话才认识到这是个特务外团[围]组织,现在自己清楚了,请党给予处分。

唐风[凤]仪:这个问题还[不]管参加没参加,应当把问题闹清,做一个党的委员来说，还是应该把问题搞清。

樊东智：这个问题没有向党组织交待[代]是不对，不管当时参加与否交了照片的目的就是参加，我们是个总支委员，不是一个团员党员，另外，就是你参加了，厂内还有很多人，你应该说出来，应把参加的集[具]体通[过]程，再考虑一下，把其他人也说说。

窦宪素：李连贵同志身为总支委员，应当向党交待[代]，即是一般党员应向组织交待[代]，这个组织是没组织成，如果成了你就参加了，这个反动组织自己是否真正不知道，应考虑。

王从仁：以前不交待[代]，现在交待[代]有什么顾虑，是否怕领导不信任，我的具体意见，把具体过程写一书面材料。

李连贵：自己对这个问题确实没有想到，自己光认为就是大家，参加过程当时我们在修理部，李记斌是锅炉方的头，十八罗汗[汉]，他对我们说怎么好，那时有冯才有、闫风林、刘书林、舒宝海、路风山等，没有组织起来，也是反动组织，当时自己的动机是为了自己。

池忠鳌：我的意见，这么长时间没有交待[代]是不对的，但根据该同志的长时间表现，给予结论，即批评教育，如果还有其他问题，请老同志考虑，这个问题应该很好的[地]认识，不给予处分，就是这么个情况，将来再发现问题，由他个人负责。

樊：我同意池主席意见，不给予处分，给予结论，自己写份材料，通过自己的说话和调查情况相符。

王建常：同意大家意见，请李连贵同志自己再考虑是否还有另(外)的问题，一齐结论，如还有新的情况，由自己负责。

李书记：第一，把详细过程写检查，总支委员不给予处分，如果有别的问题应交待[代]，要对同志负责，同志应对党负责。

日期：一九五八年十月三十一日

时间：上午十时四十五分

出席者：李树仁、王建常、王从仁、唐风[凤]仪、李志增、樊东智、池忠鳌、窦宪素，各车间办公室主任、工会主席等扩大会议

会议内容：一、(原文如此——编者)关于大搞炼钢，如何使劳动力。

一、区委布置到12月份转炉400吨,土炉200—500吨,根据我区情况,完成任务占第四位,是不够好的,有些厂子的领导干部对此项工作也不够重视,我们是个中型厂,不好不坏,我们从现在到12月10日,钢的任务是很大的,我们需要抽出一部分人专搞钢,加强炼钢战线,增加工作时间,由8小时增加到10小时,每天增加2小时,可增1 200人,班次安排另定。二、关于炼钢的方向,如果光是煅钢原料是成问题,如何研究用生铁水炼钢。三、一部分同志已是家里的劳动,组织应适当的调整,生产的大搞生产,炼钢的大搞炼钢,做到炼钢、生产两不误。四、关于海河工程。

王从仁:1. 从现在起,我们的任务是很大的,如果不做最大的努力,任务很难完成,所以我们适当的抽出力量,不光工人和干部要贯彻全民炼钢,要炼钢炼人,不提延长时间,这是政治任务,每个人也得干,充实指挥部的力量,书记亲自挂帅。2. 煤铁等自己解决,加强材料管理,加强技术交流,原材料的供应。3. 我的意见不要生产的生产,炼钢的炼钢,生产也炼钢,有富裕[余]的劳动力抽出来专职炼钢。4. 有计划的安排,按劳动力分配任务,由车间小组发动小组群众进行讨论,使工人有计划,即[既]有生产任务也有炼钢任务,那[哪]个任务也[都]要完成,当前的主要问题,如何过技术关,光靠煅钢是不行的。只要有材料,我们要是多面手,有嘛炼嘛,这个问题解决了,原材料问题就解决了。5. 关于劳动组织调整,我的意见边生产边调整,这不是长远的打算,那需要那调一个。11月份的生产计划11 473,这个计划也很艰巨,原材料也很紧张,我们必须以钢为纲,生产计划必须完成。海河问题也要保证完成任务。

王建常:1. 我们目前处在钢铁、海河、大跃进、打美帝的时期,从目前全民炼钢,同志们的劲头很大,但生产也要完成,现在的组织工作,也包括延长10小时,好像偏重生产,二[两]者结合即[既]要完成生产也要炼钢,实际的说明干劲冲天。2. 组织工作是挖潜力,有些同志干劲很足,有些潜力很大,不光土炉,洋炉都是一样。3. 掌握时间分秒必争,我们的工作是否一天等于20年,看看工作效果,生产上还有260万,希望车间党政工团也要分工做到事事有人管。

池忠鳌:我们在任务繁重的情况下,不要把它看成复杂化,主要是发动群众进行苦战的组织领导,需要领导研究如何进行苦战,我的意见炼钢、生产不能分开,这就需要发动群众,领导亲自挂帅。[1.] 12小时工作,抽出劳动3—

400人。2. 10小时文化学习和吃饭，这就要以虚代实发动群众，这是临时措施，不是大中华的长远制度，可暂定40天，从现在到12月10号。

王建常：暂时也形成制度，统一上统一下，要吸取教训，要有决心。

李书记：集中人力可以节约煤电材料等，另一个8小时使每个人都能得到锻炼，关于技术问题，建什么炉会后决定，关于时间请大家讨论。

纪：抽出一部分人专干还是比较好，其他人也炼钢，关于钢厂也可以炼钢，利用公休日都炼，关于指挥部应统一搞。

王祖康：我同意10小时工作，抽出一部分人专搞，业余时间也搞。

陈大钊：我认为这是个任务，还是全民运动，应该充分发动群众，分配任务，给一定的原料，10小时是强制白旗，通过分配任务下班后大家都炼，也暴露出来红、白旗，我的意见我们厂炼钢应克服娇气，不同意点数实，要充分发动群众，最好8小时以后都有任务。

樊东智：根据咱厂情况，一说炼钢都去，生产无人管，为了更快的[地]解决技术问题，延长工作时间，抽调一部分人专门炼钢，生产任务完成了，炼钢任务也完成了，关于组织领导问题应土洋并成一块。

李书记：钢铁指挥合起来，一个生产技术组，(一个)原材料组。

唐风[凤]仪：改时间对完成任务是有利的，抽出人增加时间，我同意，他不等于全民不炼钢，除去10小时间外，还可以炼钢，如休假日等。

杨文有：我同意唐风[凤]仪的意见，一车间已提出给我们生产任务和炼钢任务。

朱之熊：延长工作时间，我个人意见出个课题，10个时间可以干，如果改10小时要出。

周文荣：10小时生产不等于不炼钢，光依靠抽出一部分工专炼钢是不对的。

窦宪素：我的意见，增加时间12小时，多增人去炼钢，还比较不乱，生产即不叫炼钢。

王建常：延长时而[间]是保证了炼钢，因此我同意十个小时。

李书记：我为什么提十个小时呢，我已在整风会讲过，没我指示不能停课，文化学习和会议时间都能保证，目前把组织领导应当先研究。

王从仁：我的意见还是8个小时，大胆在业余时间炼钢，如果延长10小时的话,你就应当签字改时,我们这个行业不是延长时间就行啦。

李书记:这不是在总支委员会研究吗,也不是每个人说了就算啦,得有群众基础,没有这个不行。

陈大钊:我们提十个小时是根据群众提建议(如电工提12小时),这并不是争论的焦点。

纪硕钰:我们是为了把钢完成,不是厂长下命令的问题。

杨金和:我们九月份的经验是发动群众,这次是为了完成生产任务,也要给群众交待[代],发动群众。向外缝说不完成任务不回家,另外,要加强共产主义教育,以政治挂帅。并要大搞协作生活和炼钢结合。

池忠鳌:发动群众不管何方法,也必须领导〈的〉去发动群众,由群众〈来〉到群众中去,毛主席教导我们。

李书记:今天两个意见交群众讨论,最后再决定,我认为今天这个会议很重要,也不愿意怎么就怎么,应由领导的去干,再听群众意见。

1. 摆出任务。2. 拿出意见。3. 群众讨论。4. 最后统一意见。5. 确定执行。

池中鳌:① 260吨,二三车间各70吨,一车间各科室50吨,原动20吨。② 奖励办法取消物资[质]奖,可以拿荣誉奖。③ 所缺不要挑捡。

王建常:我同意取消物资[质]奖。

纪硕钰:我同意取消物质奖。

李志增:我同意取消物质奖。

日期:一九五八年十月三十一日

时间:下午四时零分

出席者:李树仁、王从仁、王建常、李志增、唐风[凤]仪、樊东智、窦宪素、李连贵

会议内容:一、传达区委召开的节煤工作。二、关于收拣废铜废铁。

薛尔缄:传达区委召开节煤运动会议的内容,今年煤的产量增加很多,但由于炼钢和运输力问题,现在已处于紧张,缺煤的要开展节煤运动,要加强宣传,市委指示要求各厂建立组织节煤量要50%(机关、工厂、学校等),可以采取

大屋子联合办公，各种用煤应有计划，关于吃山芋问题，应看成是政治运动，关于土法炼钢不能用劈柴。

王建常：关于节约用煤，建立小组制度措施，进行测算，用措施扣煤，关于科室办公室集中，缩小办公地点，控制暖气，办公室控制到35度，车间到50度。

李书记：节煤小组，厂长应加强领导，节约煤小组成员由锅炉的小组长参加，由王建常厂长负责领导起来，在群众中进行宣传。

王从仁：我的意见专抽一个厂长搞，叫翟志宏负责组织炊事员，锅炉行政办公室，要制指标，措施，检查等，把各处都用煤控制起来，王建常厂长负责。

关于收拣废品，由行政办公室负责宣传组织工作，工人交车间，由车间统一交行政办公室，薛尔缄写材料。

书记：关于炼钢任务如何完成和车间共同研究，咱们自己也做一下准备，明天下午开会再研究。

日期：一九五八年十一月九日

时间：上午九时三十五分

出席者：李树仁、王从仁、李连贵、唐风[凤]仪、樊东智、窦宪素、池忠鳌、纪石玉、陈大钊

会议内容：一、土法炼钢。二、社会主义教育。三、计条工资制度。

池忠鳌：关于社会主义教育计划，河北区20号左右就公社化了。1. 以炼钢为纲；2. 苦战；3. 工资问题；4. 人民公社问题，咱们共产主义教育，首(先)组织一个专门小组，成员：赵忠良、张君福、李志增、窦宪素、杨金和(马德海、纪硕钰负责宣传)。

活动方法：召开不同形式的座谈会，车间由车间负责召开。另外大会动原[员]，首先干部重点讲过好共产主义的这一点，其次全厂召开职工大会，大鸣大放共产主义教育，就掀起来了，主要抓住苦战问题。计件工资问题，即政治挂帅，还是钞票挂帅，人民公社。

窦：我认为组织领导应厂长书记挂帅，宣传工作不单搞应分工不同，关于报告材料，不应说人民公社是根据按劳分配。

王从仁：关于人民公社问题，首先在总支委员里好好的[地]学习什么叫社会主义和共产主义，我们学习讨论也可以粘大字报，着重的是人民公社和什么是共产主义，什么是资产阶级法权，做到边学习边领导，在干部中也要好好学习人民公社和苦战，什么是共产主义，什么是资产阶级法权，什么是工人中掀起学什么要苦战，苦战是为了嘛，工人的思想状况是嘛，有的人苦战几次行，长了受不了，因此说苦战问题还是很必须贯彻的，首先搜集思想情况，开展方式报告一次，把思想都暴露出来，展开大鸣大放大辩论，其次苦战中要解决计件工资，保留工资，奖励制度等必须解决，至于订[定]息问题也可报统战部解决，关于毛巾、肥皂、手纸在干部中必须解决。

组织领导问题，分成宣传组、秘书组等，加强组织领导，时间上，干部什么时间，工人什么时间。

李书记：我同意王厂长意见，组织领导问题，总支委员全要做，关于组长，我和池忠鳌：我的时间只能拿出一半时间，老池拿出全部力量，杨金和、纪硕钰、马德海、窦宪素。

樊东智：我的意见是建立一个共产主义领导小组。

书记：领导掌握具体情况由小组负责，关于解决某个问题，总支委员会要参加，从这次苦战中，党员、团员及私方人员都有消极的，因此在进行这个[项]工作中，实际考虑了这些人，首先做报告，引道[导]大家大鸣大放，以后还可以做辅导报告，先发动大家以后就小组讨论，要抓住重点，有中心，不要范范[泛泛]的都讨论，关于报词大体没意见，应具体些，要加些虚心，防止骄傲，关于人民公社保持按劳分配，适当的[地]改一下，关于学习问题应抽出时间，一个星期学习多长，老马考虑，关于干部学习在内，关于车间党政工团也要组织学习，报告时间，明天，车间以支部书记为主，找两三个人组织一个小组，这次的重点解决是苦战。

时间：10 小时工作的报告，占工作时间，讨论占业余时间，工作 12 小时的可占工作时间，包括讨论关于开会时间，12 点半一次，三点一次（下午二[两]点开干部会今天）。

二、（原文如此——编者）关于炼钢问题：根据区刘曲书记讲我们现有的铁炼完为止，省委给再炼，没有就算完成任务了，不再建炉，我们的现有原料还要炼完，有些不能炼的集中起来生铁归钢厂，熟铁也可给钢用，把所生产出的钢集中一起，再炼的时间注意，把没有参加炼钢的适当的换一下，日前清理家里，准备区委给任务。1. 统计一下用了多少煤。2. 炼出多少钢。3. 现在还有多少原料，各车间什么时间开始炼的，余下的原料把一些逃兵集中一起来一次苦战，什么时间炼完什么（时候）结束。4. 关于专职炼钢的人，一个是回原单位，一个是安排不了还有多少。

关于工作时间，由明天起改 8 小时，什么时候需要再倒，全体通过。

把个车间从炼钢开始到现在炼出多少钢，用了多少原料，总结材料一份，将来作为评比。

业余学校暂停一周。

关于钢厂上次决定给被后，又不给了，有的同志已自己从家里带被，根据这种情况，应适当的多给一些，以后尽量用白天炼（手摇转炉）。

关于李学先的问题，审干已结论，现在表现很好，恢复党籍。

日期：一九五八年十一月十二日

时间：下午二时五分

出席者：李树仁、池忠鳌、马德海、王从仁、王建常、樊东智、李志增、李连贵（朱之熊、蒋念平、韩树勋、薛宾荪列席）

会议内容：一、（原文如此——编者）研究 1959 年的计划。

王建常：原来是单一品种发展，方向是多品种，生活资料转为生产资料，胶鞋准备减产，平带增加 88 万，胶管 60 万，聚氯乙烯 60 公斤，胶板不增加，因为原料用的[得]多，技术简单，300 万产值大，总产值增加 90%多。

〈基建：〉基建方面上，建（设）少机器设备多，大部分是进口，如塑胶的一些机器，总投资 4 394 000 元，国家投资。综合胶生产车间，这些机器是否全部能进口，据了解连 50%也达不到，全成胶车间由小到大，越搞的[得]大投入生产越慢，我们由 10 万开始到 500 万，在塑料上合成胶最好国家投资，这样能督促我们的积极性，对国家也有好处，把三车间改成合成胶车间，原材料已基本上完成，从投资来看，少部分国家投入，大部分自筹款项，我们明年一生产制品，一生产合成胶，总之即[既]生产橡胶，又生产塑料。

池忠鳌：投资是大了，光靠自己集[积]累，没有这么大的力量，光和（国）

家要也是问题,是否把礼堂搞进去,计划本身有关于宣传问题,关于基建项目是否多了些,应重点的抓,如合成胶应抓住。从产值计划将近翻一番,从总的项目,胶鞋 300 万,我同意,关于工做股是否明年还做,如果不做,这些缝纫工怎么办,他[它]的产值也很大。是否把它考虑进去。

王从仁:关于生产问题,国家要排队,在大跨进的情况下,我们不能估值,明年我们的方向把我们的产品推动一下,主要靠自力更生,根据这种情况,合成胶一定要搞,现在合成胶生产越快,对推动我们的工作越有利。最多不超过 100 万,正式定(于)后年,我们搞聚氯乙烯,由小到大,明年只要做出成绩来,确定哪类产品,逐步解决,把关键性的设备自己争取,明年的计划总的产品生产资料,生活资料产值翻一番,现有情况不动,关于胶板问题,需要考虑。

李书记:关于 1959 年计划我同意王厂长意见,胶板不列入计划之内,工做股、胶布都在内。基建问题,应自力更生,争取国家投一部分,向外国进口机器,希望不要太大,有些应不列入计划,合成胶年产 10 吨,如果能搞 2 000 吨的就搞,搞小的培养人材[才],大的正式生产,聚氯乙烯要搞设备简单,产量用途广,搞硬管,代替无缝钢管,产值大产量也大,以它为主,其他试制。(19)59 年计划重新安排,争取国家投小部分资,明年的主要合成胶,聚氯乙烯硬管。关于宿舍问题也用不了多少钱,必要时可不列入计划,搞简单礼堂问题,可列入计划。

王建常:从整个看,绝大部分自筹款,小部分国家投资,把今明的投资算一下,变更项目算,还有多少款,作为明年投资,关于机器设备已报上的注意我们自己投资。总产值不强调有多少算多少。大华确立搞 100 吨一个,再搞 2 000吨的合成胶生产车间。

李书记:2 000 吨要批准了,原料困难,国家即是[使]同意,就[也]要给想办法,测算一下投资额和地方,看看 500 吨的用多少钢材,2 000 吨用多少,先报 500 吨。

王从仁:关于聚氯乙烯也不能定都用在这上,机器、设备不要完全都以靠进口,把关键性的报一下,关于食堂问题,明年盖,投资 10 万以外,池主席负责。

7—12 项取消,进口机器自筹款 50 万(根据卡片),合成胶转项,产值有多少算多少,尽量抓国产机器。

王建常，生产放卫星15—17号，通测算符合区委要求，提出全体总动原[员]，产值翻一番，测算结果增加63%，报区29%，为了下放，但主要是发动群众生产占25，这次提出生产战斗化，提出口号，把军官冻冻，把科长以上的干部一律深入生产，把所有的脱产、半脱产的完全调动起来，结合改进管理和社会主义教育，保证25，力争30。

口号：全体总动员，产值翻一番，生产战斗从精工细做加安全。

搞全面评比，一、在苦战解决的思想问题如何？二、发动群众如何？三、工两一改，执行的[得]如何。明确以放卫星和社会主义教育为主。

日期：一九五八年十一月十四日

时间：上午八时三十分

出席者：李树仁、王从仁、王建常、马德海、唐风[凤]仪、李志增、樊东智、池忠鳌、陈大钊

会议内容：关于钢铁放卫星。

小转炉第二次高产周12—22号，日产8吨，高10吨，手摇转炉日产1.5吨，土炉炼废铁30吨，从16—23上炉35吨。

市委崔部(长)有个指示，转炉随着土炉走，高产周产量就高，因此，应逐步提高技术，提倡碱性炉，已建立九个车间二个工段，有很多工人都学会了炼钢，有很多领导同志也能指挥了。关于产量，每天一次炉，每次16炉，产量不能稳定，主要是为钢而战，分秒必争，贯彻的[得]不够好。关于材料问题，准备摸底，互相支持，还要注意节约，提倡坏原料炼好钢，少吃原料多出钢。关于注意安全问题，天津市年底还差21万吨，因此要求高产炉岭□不出事故，转炉从12—25叫高产周，16—23叫卫星周，通过高(产)周出钢2 740吨，工1 939吨，这次放卫星7 000吨，最低达到三天工次，炉岭达10炉。

加强技术领导，发动群众搞高产，做好行政管理。全部28 000〈万〉吨，对哪[那]些耐火器材也要挑拣，下星期三12点以报转炉办公室，小转炉要提高本领，修转炉时间最多不能超过6小时，要注意安全，制定制度，加强岗位，排好班次，保证工人6小时睡眠，关心工人生活，过冬工作准备，加强领导(思想)。

土法炼钢原料自己找,什么铁是什么炉,转炉和手摇一个不许少。

需要研究的钢铁和工业放卫星的统一领导,互相配合,土炉每天五吨。

池中鳌:这次任务比上次艰巨,解决问题,[1.]领导分工,钢厂一个领导,第二土法我们有多少铁炼多少钢,生产任务三成,生产任务翻25%,否则炼钢是大白旗转炉,手摇按区委指示办事。关于废铁把上次余下的10多吨,2. 把宫北、中山路的铁拿回来。3. 发动职工拿锅。

王从仁:生产卫星不动,炼钢问题边想办法边炼,人员干部中留下一二[两]个照顾生产,其他工作都停下,勤杂给去炊事,保育员以[已]都抽出来,保全把徒工抽出20多。

王建常:生产卫星还是翻一翻[番],把电线厂的调回来,技术人员尽量不抽,经营办公不抽,行政办公室可以全部,技术科搞合成胶的不抽或少抽,生产统计不能抽,过了15—17号再由车间抽。

李书记:工业和钢铁放卫星应(有)正确的看法,应以钢为纲,我的意见,钢铁卫生还要下力量放,生产我不主张翻一翻[番],达到25%—30%,抽出一部分人炼钢,这是否影响情绪,小组还是翻一番,我们用少出人多出钢的办法。炉子要大用煤要少。关于铁问题:1. 各车间组织工人。2. 座谈那些地方还有。3. 发动大家在家里找,外边在调一部分。

王从仁:我们要以钢为纲,生产、钢一齐完成任务,我们下决心两个卫星同时几[上]天,生产必须保证25%,不管放在哪儿,厂级一定要领导,区委布置是在没有炼钢任务的情况下,所以现在变了没有出入。

李书记:关于统一意见问题,两个卫星日上天,是统一的,我们的口号提法是对的。

王建常:我的意见以钢为纲,区委的意见是怎么布置,还是一个上天,还是两个上天,我不知道列宁主义如何运用。

书记:我们(在)保证钢铁卫星上天的基础上生产最低25%,因此这个口号一点也不错。二[两]个卫星全要放,生产保证25%,争取30%,产量翻一翻[番]还是对(的),钢的产品前三天稍低,最(后)四天保证完成任务,钢铁要采取措施,关于车间抽人由车间安排,铁的问题,厂内搜拣,职工家里拿,区委要会后分头开会。

马:二[两]个卫星全上天,这是没问题,强(调)那[哪]一个也是不对,如果都能上天，那为什么不行呢？主要应从力量上来安排，我们的口号是不错的，关于车间搞还是具体搞，我的意见是车间搞。

日期：一九五八年十一月二十一日

时间：上午十时十五分

出席者：李树仁、王从仁、王建常、李志增、唐风[凤]仪、樊东智、池忠鳌、窦宪素

这次放卫星我们是上游，可能在 22 号还要放。

昨天晚上，区委又召开会议在 25 号还要放大卫星，市委对区很重视，还要放新钢和天钢，又调来 900 吨，在可能的条件下，可停部分天钢、新钢的部分炉，现在我区可三分钟出一炉，日产 420 吨，土法炼钢已做到清完拣光，还有部分在土地下埋着，有不少单位已吃光，区土法 3 000 吨，中央给再炼，不给就完成任务，将来可以着重点。

关于小转炉和冲天炉要集中，区委再给咱大冲天炉一个，转炉一个，做到二炉三炼，咱们的炉是区委的重点，材料保证优先供应，土法炼钢好炉不动，坏的处理，手摇不要，把人力配备大转炉。

王建常：放卫星的情况，放卫星是二[两]个，从昨天情况看，还不坏，在区是第二名，通过评比，实际上交流了经验，第二个生产卫星的准备工作很重要，南洋橡胶厂〈这〉是 75％，完成产值 7 次，他非要 100％，我们要 110(％)—120％，因此，第一原材料供应。2. 储备量。3. 修整队伍。从明天开始 8 小时，1. 平带翻五番，大平板一层改二层，改折叠机，改硫罐。2. 大胶管。3. 鞋出口纲增力棉底，即[既]符合出口也符合国内，工作服也要翻，把加胶布翻上去，胶板片服困难也要作。各车间的人要摸清，尤其车间要抓。

二、关于钢的问题，工人很劳累，工人的思想不集中，一个卫星一评比，工人的情绪很高，干劲比以前足了。

三、从工局召开大□会议，布置新的任务，关于发展方向，汽车轮胎，日产 2 000，胶管日产 9 条，要求在 12 月份做出，到市委汇报。我们要到上海大中华给咱一些设备聘请一些顾问，橡胶技术和设备技术，人员：贺瑞裳、翟志宏、纪硕钰。另外到东北去找旧设备，叫王祖康、薛晋祺，明年争取轮胎合成胶投入

生产,全体通过。

日期:一九五八年十一月二十九日

时间:上午九时零分

出席者:王建常、唐风[凤]仪、李志增、樊东智、马德海、白春义、窦宪素

会议内容:组织工作。

一、关于撤销徐淑钧的留党察看处理。

情况:很小在农村入党,由于母亲包办,被迫嫁给资本家的儿子,由于婆婆的劝告,参加圣贤道,后来经过组织教育和男方离婚了,后因孩子问题又复婚。

现在工作表现比较突出,下放后群众关系好,能接受意见,放下架子,在生产上能完成计划,从1958年11月29日起撤销处分,全体通过。

关于张萃云入党,要求进步通,工作表现很好,特别是炼钢,从1958年11月29日起入党预备期一年。

二、关于发展工作。

1分支提出入党的26人,年前可以发展的7人,黑学珍、郭海彦、冯金成、王秀英、梁金岚、商金荣、杨金钟,明年,闻景海、郑洪业、李淑梅、李金声、张钧星。三分支共提出9人,年前3人,周信,历史不行,刘子华、鲁金成。

王运福、刘恩沄、张洪利、陈茂涛。

一分支,赵钧华、刘金山、李金钢、薛尔缄、徐金梁、杨仁俊、张义秀。

五分支,杨金和、霍臻,家庭地主,郭信贤、乔文郁,今年。

四分支,韩俊英,历史清楚,王俊生、公学文、程桂和、贺一芳、李桂之、刘世海。

书记:今天不是给同志们一个数字,而是为了加强工作完成的[得]如何,在12月份评比,12月15日一次,要求分支10—20号报材料。

一、党的改选问题,党委员还要调,把名单发下去,添上陈大钊,各分支预备委员,钢厂还是临时支部,选举时还回原来的单位,在12月10号,把这个工作结束,钢厂也选。

二、明年第一季度的任务,初步订[定]下来,鞋日产10 000双,胶管9棵

[根]，在 12 月份应把劳动组织配备起来。

三、12 月 1 日，全区要召开大会（提前完成全区计划），还有几次卫星，除去卫星日以外，还要加上[强]社会主义教育，还要在全厂开展大评比，把全年工作好的应记功，或给予精神奖励。

四、关于尹茂田入党问题，工人成份[分]，曾在 1948 年被抓壮丁，补充认识，自 1958 年 11 月 29 日入党，预备期一年。

关于郝振岭入党问题，自 1958 年 11 月 29 日起入党预备期一年。

日期：一九五八年十二月九日

王秀英、杨金钟、冯宝城、鲁金城、刘思沄、陈茂畤，1958 年 12 月 9 日起入党，预备期一年。

# 1959 年会议记录

日期：一九五九年七月十八日

出席人：李书记、池中鳌、窦宪素、王建常、李连贵、唐风[凤]仪、李志增、马德海

会议内容：研究职工代表大会材料

李书记：今后工作之中：① 生活安排，搞生产也要注意无代众生活。② 劳动生产率下半年提高 56%。第三，③〈计划是〉计划落实问题，也是鼓足干劲、实事求是的[地]来搞计划，提时□□根据年初计划再进行研究，在原计劳动生产率计划下半年再提高多少，另外小组计划不能提小组修改，可叫全厂修改，制度叫三结合。搞个制度管理办法，从中体现集中领导，贯彻群众，领导制定，大家执行，也是民主管理精神。

① 一条制度不定给适合的，因为□□在不被发展的，所以在制度制定修改必需[须]要三结合，不能小组〈与〉及个人修改，有计划有领导修改。

② 在执行制度中有特殊情况，提出意见，交厂长审查同意后，在经([再往])下贯彻执行。

③ 制度为了促使我们计划不断提高，应点之定期检查制度发现问题，不断改进提高。

④ 为了保持制度的严肃性，对不遵守制度的揭发批评，严重的给予处分。

⑤ 应提出三季度工作如何抓，每段应有重点，抓重点带一般，要防止不要抓一个扔一个，必须把从前解决的问题加以总结提高。这样不能使同志放松工作。

王厂长：对违犯制度直出事故的，应分段加以处理，这也符合权力下放精神。

池：① 总结二季度工作，最大问题是质量大于一切，改学历到面貌，但还要□□□很多不足，二季度特别(是)5 月份后，通过□□搞的[得]很大，踏踏实实、轰轰烈烈，声势不高也应提出来。

另外在管理方面缺口大一些，计划要提出咱们的不足地方，三季度立标

杆，比学赶，开展红旗竞赛运动。

① 思想先进。② 操作先进。③ 质量高。

唐：从搞质量后浪费时间地方比较多，也应提出来，提倡不浪费一分钟，加强劳动达到教育。

马：文化教育是个大问题，市里抓的[得]很紧，入学是否提出个数字来。

另外把车间办搞好回来。

小组管理问题，两参一政三结合，这方面也应突出再提一下，□□大量问题。

李志增：组织机构设七个科一个室。

① 厂长室；② 生产计划科；③ 财务科；④ 供销科；⑤ 技术试验科；⑥ 技术监促科；⑦ 人事工资科；⑧ 保□科；⑨ 行政车间科。

李书记：一车间与二车间情况不同，上底和套楦，常联系，如放一个车间一个工段好，有经修的[得]不好搞好的。

搞样品、合成胶，给二车间也不好，是否叫试验工段，这样就可以搞起来。

样品组交给三车间。

李书记：我们任务继续提高〈提〉质量，鼓干劲，大干三季度。保证全面完成国家计划和任务，迎接国庆十周年。

池：组织机构重点放在科内，厂内这是大的变动，具体要几个科应研究讨论细一点。

八个科室搞成 7[七]个，按□不要放两个员，对于厂长室领导，人事工资科放一起还是比较适合。至于技术试验可到技术科，监促科不要就叫技术科。

王厂长：检验科要，不要监促科，生产计划科还是调设科。

李书记：组织机构根据需要，按照节约的区别设制[置]，一个厂长办公室，下设八个科，厂里是四级管理(厂、科、车间、小组)。

除此以[之]外，人员不超 10 个就可以，应加强技术人员干部来源，是否我们可以提拔一些。

王厂长：干部从一车间分提拔几个，提三、四、五个想[像]工人有经验的，一、三车间，二车间也提拔一些，一定要政治条件好的，工作积极认真负责，有操作经验的都可以当技术员。科室有的技术人员提拔工程师的，咱们可以提一个。

池中鳌：会议开法与安排：根据内容需要开二[两]天半。

第一天，厂长报告，上午就完了，下午讨论厂长报告。第二天，五条□制度，报告上半年经费工作，下午讨论。第三天，结束仪式：代表发言、小组发言(报捷献礼等等)。最后通过材料及李书记总结几天会议进行情况，会议开会可休会几天，然后在小组发言。

唐：二天完了，中间可半天，小组发言时间。

池：大会是否成立秘书组，纪、赵、薛。

李书记：开会两天可休会几天，然后通过讨论，拿出咱们整个意见，另外将报告都提完时，同志们讨论去，这样也可以暂(停)工作〈时间〉，业余时间也可以利用。

日期：一九五九年七月二十八日，上午

出席人：李书记、樊东智、陈大钊、王建常、李连贵、刘锦忠(列)、唐风[凤]仪、李志增、马德海、窦宪素、白春义、杨真乾(列)、池中鳌

李书记：今天上午主要会议内容是：

1. 传达市委关于安全卫生工作指示。

2. 研究职工教育体制问题等主要精神，传达市教育会议精神。过一半天再研究一下党的组织工作。

关于职工教育工作问题：

王厂长：体制问题解决后，教学质量也应解决。应把教育审查一下，把责任心强、程度较好的人留下来，应生产的生产去。

李书记：学校统一办理，教员审查一下，政治条件好，文化程度较高，责任心强的留下来。

李连贵：同意统一办理。

唐风[凤]仪：职代会中代表们集中讨论了一次，反映不如统一办理好，能保证教育质量，现在质量问题(的)确很大，同时浪费人力，无形中增加了20多个教员。

马德海：下去也是党委决定的，根据形势的变化，还应收上来，但下去也有它优越处，应注意把其优点保持下来，它的最大优点是出勤好，依靠了群众。

我们上次评个下游就真着急了。这次提上来以后，车间的教育组织还应保存，按期评比。

李书记：

1. 把车间办学改为统一办学。车间组织机构，仍保留负责保证职工入学。

2. 设一个专职校长和教导主任各一人，负责具体领导。池主席负责兼管，车间支部书记或副书记兼管，小组设教育干事。团委应设一委员负责。党委宣委兼管。工会设专职教育干部一人，车间工会设一委员。

池主席：既然是党委领导下工会办校，没有专职人员负责是不行的，工会应有专职教育委员。工会办校不等于行政不问。专职干部工资由事业费开支。教育机构中的人事应与各组织分工合而为一。在新机构变动前，原有负责人员仍应继续负责。

李书记：学制问题仍以文化教育为主。年限按市规定办理，某些班次可以试行以技术为主的重点班。“红专大学”改为“职工业余文化学校”。其他具体问题由教育委员会办理。

安全卫生工作问题：

李志增：成立了卫生、防汛、安全三个小组。薛宾荪具体负责。经过昨日检查基本上满意，但也提出了一个问题要进一步研究解决。

池主席：这次安全卫生检查动的[得]快，现在应把组织问题解决了，区委要求大厂要成立安全卫生办公室，我们应成立一个办公室负责具体工作，并成立一个领导小组，领导整个工作。车间成立小组——安全卫生检查组，最多五个人。

全总决定大抓生活有五个方面。我们关心群众生活，首先要在生产上关心——安全生产不出事故。应进行检查和预防。其次对职工生活进行一次全面检查和补助。八月五日结束；对危房进行一次检查，以补修为主，以借款方式进行解决。有些迫切需要抢修的房屋，无人修补的组织职工互助。再〈其〉次，必须要解决托儿所房子问题，这是关键。最后要大抓一下文体活动：首先要解决球场问题，要地光有灯。文娱方面成立剧团，二车间为主成立京剧团，各车间支持，三车间为主成立评剧、话剧团。一车间为主成立歌午[舞]团。

李志增：办公室成员：杨锡荣、李永泉、杨真乾、姚增佩。修房借款问题应与厂长商量决定。房子问题准备分给车间一部分约 13—14 间。托儿所确是关键,但只要抓住基建部门,问题能够解决(将二所房子建起来)。

李书记:

1. 同意老池同志成立组织的意见,由王厂长和池主席总的负责,下设办公室负责具体工作。

2. 区委指示要搞突击运动,达到工人自我教育的目的,并将有关安全卫生制度健全起来。锅炉房、打浆房、电器设备、硫化罐、汽油库、汽油车间等应为安全工作重点。食堂、托儿所、保健站应为卫生重点。

3. 危房问题应抓紧检查,不容许砸死人。必要的安全卫生设备和修房等开支还是应该花一些,但应本着能少花的少花、能不花的不花(的)精神办事。

要加强文明生产的教育,对不安全的地方,可以发动群众揭发一下。要求二、三天内掀起卫生高潮。

劳逸结合,精简会议问题应很好的[地]研究一次。

合建奖问题应拾掇起来,过去的不再倒算,从现在开始。

具体发动群众问题由委员会去研究,会议要减少,问题要解决。

樊东智:应注意劳逸安排问题,区委规定每周一次群众会,一次党团活动,行政班前班后会不能超过 15 分钟,学习日和

(此处缺一页——编者注)

## 党 委 会

日期:一九五九年七月三十日

出席人:李树仁、王建常、池中鳌、白春义、唐风[凤]仪、樊东智、马德海、李志增、窦宪素、李连贵、陈大钊

王:传达区关于卫生问题。

1. 下厂检(查),首先问发动群众如何,三个结合:突击与经常、领导与群众、一般与重点结合,党委如何安排群众什么时间讨论的,这样加强对厂的督促。

2. 订计划,食堂实行三检,安全、生活为中心推动生产,过[这]个时期以生产为中心带动生活。

3. 半天检查半天回厂发动群众，今天所有(干部)要和群众见面。

4. 出勤指大队，人最好不换。

5. 对大问题边检查边解决，工伤事故、损失多少工时，机器设备事故多少期，损失多少，用货(多少)及(时)表示起来，今天由厂长到广播站大发动，车间小发动，让少开小组会，我看在检查时期及开些小组会。

办公室：王祖康，副主任，韩林勋。人事工资：副李志增，正郭信贤。纠正福利：副万玉清，提刘振明副科长。经济保卫：副白春义。供销：正杨爱增，谭风祥，副刘金茂。财务：正李瑞五。技术：邝书文。检验：副蒋桂珍。生产科：正朱志熊。安计科：副杨真乾。

一车间：正韩耀明，主任，张福军，副王大全。二车间：正韩耀明，副孙汝长，二副杨文有。三车间：主任，韩耀明，提于金良副。原动主任：李连贵，孙风明，副贺瑞堂。

行政干部占全体职工的7.7%，全厂非生产人员94人。

研究结果，一车间主任张福军，副主任王大全。二车间主任韩耀明，副主任杨文有。李志增的意见，二车间设两个，主任学宜。陈大钊的意见应设两个，别的科没有党员，应该配备，为什么车间主任三个都是党员。李林仁：现在安排到科室有困难，暂时先这样安排。李志增、陈大钊的意见保留。

最后决定，二车间主任韩耀明，副主任孙如长、杨文有。三车间：一副主任，于金良，二副主任，报市化工局批。原动，同意上主科的安排意见。办公室，供销正杨受增，正谭风祥，副刘金义。财务正李瑞五。生产计划，正朱之熊。

王厂长：对以上安排，科室我都不同意，科都应安排党员。我服从多数，保留我的意见，群众科长输送。技术科正邝书文，副弓四珍。人事工资，李志增提为正科长，郭信贤正科长。保卫科，白春义，副科长。安计科，副科长。李连贵、陈大钊我出同意，杨真乾提为副科长。多数同意对杨真乾的缺点，应该提出陈，另(一)方面政治问题，没闹清应注意。检验科，薛荣华副科长。行政福利，科长孙光祖，副李永泉、孙玉彬、万玉青。办公室主任，韩林勋。

李志增不同意薛荣华提为副科长。

## 党　委　会

日期：一九五九年八月一日

出席人：李林仁、池中鳌、李志增、陈大钊、马德海、樊东智、白春义、王建常、窦宪素。

会议内容：研究第三季度工作计划。

李志增：加强统战工作，科室的职责范围。

马德海：精简会议的精神，贯彻区委的精神，统战工作应加上如何改造。

白：保卫工作边要提出国庆节前，加强保卫工作。

王建常：统战工作，区很重视，应加进去，看看我们过去，统战工作做自己，如作分析检查，有那[哪]些成绩有些问题。制度厂长公布执行是否合适，东北的企业管理都是命令执行。政治活动多，对生产写的[得]少，福利很大，我们从一流厂现在晃到末流了。

李连贵：机器危[维]修检修，市委抓的[得]很紧，是否提下。

窦：第三季度全体党员进行评比坚[鉴]定，在干部里要开展七比七看，是否加上。

池：我们的计划是作业计划，应该结合计划不能离开，保证 9 320 双，抓原材料、劳动生产率、质量问题，〈只〉指出只许提高不许下降。

李林仁：三季(度)怎么干，抓三点：1. 质量，2. 抓管理建制度，3. 抓生活，达到优质高、节约、安全、卫生。

1. 三季(度)的各项指标弄出来。

2. 继续改进产品质量。① 进行质量大检查；② 贯彻制度进行教育；③ 全面提高物理性能。二、力争高产，大力节约。

① 调整劳动组织，订员，订产；② 加强控制单位消耗，不□把鞋减坏；③ 加(强)生产安排和调度；④ 保证完成计划外再搞小商品生产；⑤ 大抓措施，把技术革新革命加进去。

宣传：根(据)生产的宣传，十年国庆的伟大成就，管好理论学习。

王建常：明确我们中心是〈否〉什么？是优质高产降低单耗。抓原材料的合格的处理。搞生产平恒[衡]，关□□提高劳动生产率的问题。底耗问题，我们现在不但没有降下来，而且[反而]又高上去了。危[维]修，首先是劳动组织愈快愈好，在三五天(内)搞出成绩。优质问题，8 月份提出来，打下基础，9 月份搞定期分析。

我胶鞋在东北试穿的结果，全国排到 19 位，过去我们是第一留[流]的。

李林仁：材料，提出了一些意见，有的意见可以定[加]上去，有的意见就不一定加了。

（此处缺一页——编者注）

日期：一九五八年八月九日

出席人：李书记、窦宪素、白春义、池中鳌、李连贵、樊东智、马德海、陈大钊

列席人：韩树烈、蒋桂珍、郭信贤、李经与

会议内容：研究大干 8、9 月，迎接国庆十周年。

在目前人民□□克服右倾情绪□□□□，组织干部讨论，首先发动群众搞红旗竞赛，根据去年经验，搞比武群众还是有兴趣。

区里根据市指示精神：① 召开干部会。② 扩播大会（十一号）。③ 党员大会（挑应战），后边工会也跟上。

会上发言要求指标先进，能体现思想问题，克服右倾情绪，要有措施，在可靠的基础上。

① 发言要求厂长、工会主席亲自代表挑战。② 工人集体挑战。③ 文艺形式。注意方式，要体现英雄气概，防止浪漫。

电台应要注意：① 不要浮夸。② 不要过分的[地]强调困难，不然是影响不好。

参加扩播大会的人，鼓舞要热烈。

发言要提出方法措施，保密一事不可以不证可用□□对比，挑战对象是谁，□□是几个战区橡胶厂。发言稿在 10 号上午到区委试讲。

中心内容是第三季度，尤其大干 8、9 月，会议召开前要发动群众动□□□轧钢□，技术制□□。

有三个落实，而还要调动干劲，不要□□客观困难，要发动主观能动性。① 原材料，落实上生产没问题。② 以销定产。③ 我们设备不落实也增产不了。

通过对比的方法,与去年同时人力产量对比,发现计划保守,后又重新修改计划,克服右倾情绪。

李书记:我们这个工作要马上行动,我们挑战实际还不如应战呢。① 我们研究下怎样动。② 挑战条件(对外、内)。

韩:我们拿第三季度产量指标对比,质量各多少,找下数字。

李书记:① 范围三季度。② 主要指标。

能耗降低到 125 公分,在保证不降低质量的原则。搞什么召开车间主任会议研究办法,看降低多少,进行测算。

内部工作大干 8、9 月。

① 组织测算,把三季度各项指标、措施,再搞下测算。

② 组织障碍日,反对右倾保守情绪,学习中结合点实际,检查我们干劲是否足,范围在干部学习中下来,工会、党、团小组长都可以学,各车间根据实际情况考虑。

③ 当前搞三点工作。

a. 调整劳动组织,定量定产,提高劳动率,搞劳动评红旗,调整过程中必须注意质量,防止质量下降,除此以外也要测算各车间劳动情况如何。

b. 根据工作地点,把二车间大□下□管办公室,东西把它搬出来,也不能影响开学。

c. 根据小组规划开展竞赛,与群众交底,主要根据同工种树标杆等。

在发动群众过程当中,应与搞思想过程联系起来。

竞赛当中:① 搞竞赛。② 搞生活。

各车间办公室也注意:① 吃的[得]好,搞好卫生要进一步研究,吃好才干好。② 安全卫生工作要搞好,发言质量(好),减少会议。③ 竞赛中心干什么。

① 优质高产,苦战,安全,□□下达,也是竞赛的范围,高产实际也优质。

各车间把这次精神贯彻下去,马上行动,(面)向党、团、工会、组长,叫他们做到心中有数。

池:三季度掀起高潮,我们应从上而下贯彻到底。

几个问题:① 指标,大干什么,搞测算,注意思想问题及群众的情绪。② 发动竞赛高潮,注意行动计划。后天我们全厂正式发动,在那天下边要根据工作心中有数。③ 抓好学习人民日报社论《反对右倾保守情绪》,通过学习可以理论结合实际，当前我们轰轰烈烈，扎扎实实结合的不够，只是扎扎实实工作，所以让[要]通过学习检查思想，给竞赛打下基础。④ 具体活动也要安排下，对党团骨干分子先讲下，对工作还是有利的，把三季度指标拿出来，活动范围以车间为单位，保证指标的实现。彻底消灭停工现向[象]，不然影响很不好。

李书记：上午开干部会（9号），把精神讲出，按区工会团也分头研究，下班后各车间支部进行研究。

支部委员会召开前，先拿出一个初步意见，明天训练骨干（党、团、工、政、组长），10号，交待[代]意见鼓干劲等，后天（11号），区委□召开大会，咱们也结合召开，池主席在咱们广播室讲，与区同时进行。

日期：一九五九年八月十一日，下午

出席人：李树仁、窦宪素、樊东智、池中鳌、王建常、李志增、马德海、唐风[凤]仪、李连贵、白春义

李书记：应组织干部学习8月6日人民日报社论。

李志增：（传达8月10日，区委李虹书记报告）关于克服右倾情绪，迅速掀起增产节约高潮，完成国家计划的社论，要求全面开展一个轰轰烈烈的增节运动，克服右倾松劲情绪，这是又一次敲起警钟。完全符合干部思想情况。我区1—7月完成产值较去年增长20%多，41种产品，22种完成了计划，并提高了质量。形势看是继续大跃进的，是有利的。但在3月份后完成计划有下降的趋势，而且是逐月下降。目前仍未停止。三季度各厂报区的计划也较二季度降低了。人员的增加大于产值的增加。工业会议后开始回升，但提高速度不快。三季度计划如不大，提高产值指标是完不成的。在某些方面没有跃进而且是跃退了，这种情况很危险，各单位应很好的[地]研究。产生上述情况主要原因是：

原材料供应不均衡，许多厂因原材料造成停工，半停工的损失严重。

另外一些〈一〉部分干部中，特别是领导干部中出现了畏难情绪，对克服困难产生信心不足，有些经过主观努力可以解决的问题，也未努力去做。区委虽然交流过经验，但缺乏批判这些思想。有些厂计划可以完成而不去完成，甚至

有的故意压低局下达计划。这主要是部分干部滋长了松劲情况。共产党员和革命干部应抱的态度〈应〉是力争上游,鼓足干劲,争取超额完成国家计划。但现在都对实事求是的计划落实工作,抱着错误的认识,认为越低越好。

(在)对困难的态度上,缺乏克服困难的勇气,强调客观困难,甚至有的唯条件论。看不到有利因素。有的因材料和人的困难,不是积极设法完成计划,而是一落再落,甘居中游。甚至瞒[埋]怨局和公司,向局和公司要条件。看来许多同志已经忘记了去年依靠群众、发动群众的经验。很多人存在要好不能快、要快不能好的思想。总之目前一般干部中右倾思想有所抬头,这会影响很大,针对上述情况,提出以下几点意见:

1. 必须按照中央指示,克服右倾情绪,立即掀起生产高潮。

① 立即组织干部学习社论,通过学习做出计划。

② 书记挂帅,联系实际,分析批判,结合三季度工作,分析困难,指出方向。

应向群众党员做报告,指出思想倾向,应表扬克服困难完成计划的典型人。大力加强宣传工作,造声势鼓干劲,教育群众,抓产质量,厉行节约,提高劳动生产率。

2. 立即放手发动群众,把三季度计划和今年计划向群众交待[代](高低,多困难,交计划)发动鸣放,可采用小组讨论方式,不一定用大字报。在鸣放中可组织群众献宝献策,对鸣放意见应加以分析,对有条件解决的应马上解决,有成绩者应奖励,重大者可上报。在群众中要提倡敢想敢干,破除迷信,开展八、九月份竞赛运动,克服比学赶中疲踏[塌]现象。各单位目前可以搞报捷〈召〉,向国庆献礼。

注意问题:

1. 防止虚报成绩。

2. 不要单纯追产值。

3. 批判思想应分析原因。一切经过试验。

王厂长:(传达局召开厂长会议精神),我们的工作仍以质量为中心,降低单耗降低成本。我们的办法是鼓足干劲,采取措施。

我说我们的情况是产值增加,但量下降,人员减少。我们要千方百计承揽加工,寻找原材料。

韩局长在最后做总结发言。产值是全面指标之一,任何时候也不能漏掉,这是速度问题,各厂都要考虑30%问题,至于会不会走去年老路——单纯追产值问题,要看我们掌握的火候如何。

劳动力问题应考虑调整劳动组织、定机定员、机械化、自动化等条件,确时[实]不能解决问题时再考虑。

原材料除生胶外,日益好转。生胶的潜力还很大。

当前困难是有的,但应具体分析,有些困难也可能变成有利条件。当前的问题瞒[埋]怨是不可能解决的,瞒[埋]怨情绪实质上是消极等待的态度,要深入群众进行工作。

应注意安全,保证不出事故。

我厂测算结果的情况是:

58年总产值17 277千元;59年总产值18 236千元(为58年的105.55%);

上半年实际完成9 047千元;下半年计划完成9 189千元。

上半年有胶管、平带等主要产品,下半年没有了,必须完成计划外产值40%左右才能完成。

胶鞋产量:58年,4 347 700双,59年3 481 488双(为58年80.08%)。

上半年实际完成1 549 488双;下半年计划1 932 000双(包括增产节约40万双),九至十二月,每月平均产量不得少于17 500双,产值从八月份起,每日须达75 400元。

劳动力目前普遍闹紧张,三车间要100多人,二车间要200多人。

原材料库存也很紧张。供销人员思想上顾虑很大,不敢发挥主观能动性,认为去年开始搞协作,认为满意后来又说是套购,派人检查。目前已将供销人员组织起来,外出承揽加工,寻找原材料。

劳动浪费现象,目前很严重,应彻底查定一下。

半工半读的人组织一组生产,将零散飘浮在外的技术工人组织起来生产。

李书记:根据以上情况研究一下下步工作怎么办?当前群众已经初步发动起来了。近日内可能在生产中出现新气象。

池主席:1. 从党委本身应对当前形势有一个正确认识,比上次党委安排工作的情况应有所发展。从现有情况分析,下半年的任务是非常艰难的,但我们必须要确保完成,这是思想基础。要完成这个任务必须政治挂帅。应该开一个干部会,具体交家底,给压力,目前畏难情绪,怕困难的思想是存在的,必须逼上梁山。今年发动群众的方法应以中层干部和供销人员为重点。群众中主要是鼓足干劲,集中精力做到优质高产。在发动群众同时,应组织人民日报社论的学习。2. 在思想中不能打乱“以鞋为钢[纲]”的思想。在发动群众中应紧紧抓住质量,绝不能让质量降低。3. 在生产安排好的基础上,有些副业生产,如胶布、沿气管等应立即上马,越早越好。4. 劳动力调配,首先应满足三车间,以三车间带动其它车间。厂长提出成立组的措施是积极的,我同意,应(从)大局着眼。

唐风[凤]仪:通过摆家底,任务更加明确了。同意再深入发动一下干部,组织学习,当前干部的思想不是太明确的,家底不明确,干劲就不可能更足。只有明确具体任务的艰巨性,就能激发积极性。不承认右倾情绪也是不客观的,车间开始向上要人,我也主张。另一方面应充分发动群众,群众发动起来后,就会更有力的[地]批判右倾领导思想。我们在思想上首先应有克服困难的勇气,敢于接受任务,但也应具体分析困难条件,积极想办法,对困难估计不足,看的[得]太简单也是不行的。当前除发动干部外应充分发动群众想办法,提措施,搞节约,抓革新。这点抓好了,人的问题也能解决。在日常生产中必须注意产品的合格和半成品供应问题,加强高度工作,以免拨[泼]冷水。

王厂长:人民日报的社论是给我们敲起警钟。我们应强调政治挂帅。机不可失,时不再来。气可鼓而不可泄。

聚氯乙烯应立即上马,日内投入生产。夹胶布应立即上马,明天上马。三车间集中力量生产鞋。二车间的冲子和缝纫机修理,问题是影响生产的夹缝,应设法解决。

李书记:

1. 必须从思想上接受(了)上级局下达的任务,千方百计的[地]发动群众,完成任务。

2. 必须明确以鞋为主要产品,必须保证鞋的任务,按质按量,按局下达任务完成。在确保质量的条件下,努力降低单耗。

3. 迅速发动群众,同时认真贯彻一手抓生产、一手抓生活的精神。车间重点应确保优质高产、节约、安全。应抓住：

（王厂长：当前出勤很低，应收回小组准假权限。）

① 挖潜力（人、机器、节约）。方法：发动群众鼓干劲，搞竞赛；提措施，搞革新，献宝献计。但必须注意质量问题。当前迫切应解决的问题是人员问题。

② 调整劳动组织，平衡生产计划。加强计划和调度工作，保证不停工等料，做到保质保量保供应。

③ 组织竞赛，形式应生动活泼，适应群众需要。

④ 抓生产，同时应抓住生活问题。文化生活问题也应相应的开展起来。抓住食堂、保健站的工作。

⑤ 应掌握群众思想动态，通过总路线去教育群众。解决优质与高产的统一观点问题，加强宣传鼓动工作。

4. 组织副业生产，首先应发动供销、技术人员，应把他们组织起来，必要时应充实力量，积极揽加工，找任务。技术人员应注意新产品的试制和生产问题。清理一下仓库，有多少能生产的东西先生产。应由行政专门召开一下这二部门会议。技术人员必须有一部分人保证日常鞋的生产，不能全部偏重一面。

5. 组织干部学习，明天党委就学。还要组织科长以上干部学。学习中应联系实际，交家底（工人交底），应召开一次群众大会。发动群众讨论，八九月计划。

6. 立即调整劳动组织，确定生产地位，在一周内要完成。在保质量的情况下，生产应尽可能往前赶。

7. 任务越重，越要考虑工作的安排问题，加强工作计划性。如果工作安排不好，就不可能做好工作。明天上午召开段长以上干部会议（录音转播）。

日期：一九五九年八月十六日

出席人：李书记、池中鳌、王建常、刘锦忠、张君福、窦宪素、李志增、马德海、樊东智、李连贵

会议内容：讨论万晓塘同志报告。

李书记：当前怎样搞三点：① 马上开群众大会，把全年任务、目前情况向

群众交底,需要什么,还缺多少人。重点搞什么,主要挖劳动潜力,和节约降低消耗问题,迅速搞鸣放,发动群众,提措施,把八、九月及下半年情况向群众见面[交底]。

② 组织加强思想工作,对职工进行教育,干部检查右倾情绪,召开组织领导干部学习(中层),在群众当中,区委说主要通过□路□□,鼓起大家的干劲,提措施,树立标杆,赶竞赛,在这方面要加强思想领导,方法一方面学,一方面干,深入小组车间去。

③ 研究竞赛具体领导问题,一个车(间)根据: a. 不同小组竞赛问题,根据具体研究。b. 加强竞赛统计领导工作。c. 树立标杆交流经验。d. 加强评比工作的领导。

总之,发动干部学习,提措施,搞竞赛是个大事。

王厂长:对李书记意见大体同意,关于树立标杆标兵问题。

我意见树立标兵比较响亮,学、比、赶后造成的热潮,标兵越学越好,找出几个参加北京群英会,一个车间搞出一个不同工种的出席一个,在每一个工序上,立一个不同的标兵。在管理上也要搞个标兵,哪个段长搞的[得]好,特别工段长及组长。科室除集体外,也要搞出一个标兵。群众中怎么干,具体搞措施,简易措施多个布置大,实现多,也要当标兵。

另一种高产、优质、节约,也要有标兵,市委提出让厂长有供销,只站在第一线。主任应站在生产当中最前线(科长),仗打的胜败在质量啦。那[哪]里有问题(就)到那[哪]里处理解决问题。

另外,党委怎么站,应站在思想最前线,组委站在组委前线,宣委站(在)宣委前线,搞出套经验来,都去北京。具体,工会和团怎么(办,)提一套拿出具体东西来。中心目前我们有两个环节:① 原料;② 人。有(的)是成本高。三月贯彻不开支还是有问题的。

另外这次学习中心是检查保守思想,那[哪]个单位及个人检查的[得]好,那[哪]个单位就跃进的[得]大。有些保守思想,我们不自觉的都有,在大干八、九月当中,应大量掀起浪潮。结合学习下达指标,根据具体情况,这样做是可以发挥出好的积极性下放权,保证指标的完成。

池:根据万晓塘及中央、李虹、刘亚书记等报告,指示精神,当前抓□虚是右倾保守思想，这问题在我们厂有没有存在，据这个前提下竞赛掀起高潮，所以抓指标落实是非常重要的，保证产、质量的完成。

测算在测算，找在找也是作了指标落实问题，特别是厂长应抓住指标落实，在反对右倾保守情绪下叫指标落实。

发动群众搞竞赛，订规划学比超对象，最后搞评比。发动群众要大讲踏踏实实与轰轰烈烈一点，工人当中要干劲方面，右倾保守检查，我们指标是树立在先进水平的。

因此，同意李书记意见搞一下鸣放，（干劲、办法、措施）等对指标落实起个保证作用，对右倾保守思想也是个激励。

王厂长：党、政、工、团各找一个突击前线。

马德海：下边动的情况，结合党委会的精神，我走了一部分组了，抓了下思想情况，连续干部几次大会，20 号前掀起竞赛高潮。

党员组长以身作则，搞计划，小组长怎么领导计划先搞虚，解决干部自满情绪，各区干部也做了不同程度的检查。

目前干劲已起来了，但如何巩固下去，这个问题是值得研究考虑。技术革命小组鸣放，用□记下来。

另外对当前思想情况应该提出，（中层 12 个领导干部），宣传问题，刘亚书记也做了解释。另外还要大搞协作。

樊东智：我考虑掀与起不起来，在于我们工作劲头足与不足，这次在党很学习，克服右倾情绪来检查，我们克服困难的精神，如你也说明能克服右倾保守思想问题。

证明大搞群众协作，每个党委委员都要关心日常产量情况，这也是落实问题，抓思想要顾工。抓住职工的思想动态，当前群众紧张，但是否对头，这个问题自如何领了，所以向群众交交底，关键问题是什么叫群众提出措施。

革新问题：① 迎革新；② 迎竞赛。这个提出每个做也好□情，针对问题开展竞赛。

另外大□很劲头搞起来，要加强宣传工作，轰轰烈烈的搞起来，这样促使小组完成计划。

还要抓标兵、经验、措施等，使生产一浪接一浪，这样运动既要轰轰烈烈又能扎扎实实，去北京不成问题了。

李书记：党委根据工作统一安排要点等工作，不能抓思想工作就给分开了。工作当前抓的重要三个方面和主要内容，如计划落实问题。

常委抓重点，关键工作安排和结合问题指导各厂工作，党委是全厂领导。团委在运动中抓突击活动，一般工作也搞，工会抓比学赶，树标杆。□□改改生产落实。

党委委员，领导干部都要上前线，深入到车间及各部门，向群众交底，是否在[再]开下群众大会。向群众传达，向党团员都是老池同志讲。

思想工作老窦抓、老马(全盘的)。书记抓竞赛思想。厂长：抓落实生产。团：抓突击活动。

池：还乡对象目前三个人是否走，这问题应拿到党委会决定。

李书记：对这问题在精简人当中与□来就整，局来市委发了个指示，什么整什么样的不整，这个意见不好决定。① 咱们把情况讲清，请示下面和区委的意见看怎么办？② 能不能再做下思想工作，看看走不走。

李科长：这三个人根据情况走，一定要叫他们查，对待这三个人，根据不同问题，采取不同办法解决。

马德海：同意请示，但我的意见一定还要整，对怎么查，咱们拿个具体办法和意见。

最后对此问题，请示下区委和□是否走，然后再做研究(拿出咱们的具体意见)。

书记意见，大中华要根据具体情况进行安排，主要还是重点回乡。

日期：一九五九年八月二十一日，下午

出席人：白春义、刘锦忠、唐风[凤]仪、樊东智、马德海、李志增、王建常、窦宪素、池中鳌、李树仁、李连贵

李书记：今天研究一下测算结果；群众思想情况和进一步工作怎样做的问题。

王厂长：测算分二本账，第一本是根据原材料测算的，可以保证超过局下达的第一本账(1 800 多万)。具体情况是：

① 能做雨布的再生胶 23 吨，可做 30 万公尺雨布，采取粗粮细做的措施。

产值计 90 万元，也(已)落实。

② 节约的生胶 15 吨(包括本厂 3 吨白生胶)，可做 18 万公尺胶布，产值 54 万元已落实。

③ 甲壳质 1.7 吨，可做 15 万公尺，甲壳质布(尚缺 10 吨多，原料无问题)，产值 45 万元，已落实。

④ 四吨乳胶，可做 4 万公尺刮胶布，产值 12 万元，已落实。

⑤ 三吨乳胶，可做 25 000 付[副]手套，产值 78 000 元，已落实。

⑥ 1.5 吨聚氯乙烯，可做铝气管，旧存 1.5 吨成品，共产值 15 000 元，已落实。

⑦ 余再生胶做 10 吨胶板，产值 5 万元。已落实。库存再生已全部用尽，今后不得动用。

第一本账，共计 2 150 000 元，已落实。

第二本帐尚未完全落实。

1. 生胶雨布 40 万公尺，产值 84 万元。

2. 甲壳质胶布 15 万公尺，45 万元。

3. 聚氯乙烯 20 吨，产值 20 万元。

4. 再生胶板 40 吨，产值 16 万元。共计 165 万元。

一、二本帐[账]总计 380 万元，加 40 万双增产节约，计 480 万元，全年已完全落实 15 236 000 元(产值)，共计 20 036 000〈一〉元，9—12 月份产值 8 694 000元，每日产值必须完成 89 400 元。

一车间，每日平均 32 000 元，胶鞋 12 000 元；

二车间，每日平均 25 400 元，胶鞋 10 000 元；

三车间，每日平均 32 600 元，胶鞋 26 000 元。

建立车间比武台(产值、产量、质量、安全措施等)，车间段长，职能员也应比武。

李书记：1. 应考虑二本帐的两道防线，有些尚未落实的措施，应准备其他措施，以防万一。2. 计划确定后，应继续发动群众挖潜力，提高劳动生产率。我们的计划应提前不应辍后，使产量迅速上升。3. 一定程度还应向群众交底，下达任务。

王厂长：当前的问题是工时不能充分利用，中班提前下班问题很严重。

李书记：生产计划科和人事工资科应很好的研究一下，劳动力浪费情况，找出原因，提出办法。

白春义：劳动生产率问题主要是车间干部思想上应主动与科室协同搞。

李书记：下面研究一下思想情况和当前活动情况。

窦宪素：对报纸学习二[两]次，不太深刻，万晓塘同志报告尚未讨论。原动孙科长现在较主动了，主要是通过学习和工人干劲的带动。如原计划二车间搬家需三天，结果利用公休一天就完了。对孙启发很大，孙自我检查说："我过去怎么也想不到这样快，看起来我的思想是落后于实际了。"贺瑞棠尚未完成[全]动起来。一般干部深入车间不够，没动起来，对社论学习的[得]也不够。

工人张德祥应师父调走帮忙，无人过问，闹情绪不干，厂长报告后就积极起来了，上中班，11 点就来了。

三车间通过学习，也解决一些问题，如白玉生学习后检查了愿意要人多一点省事的思想。于金良原来逼着人事科要人，厂长批评后，不承认了，只是说闹着玩了。部分干部解决了增产就要人的思想。工人中也有些突出事迹，许多小组生产提高很快，有些(干)轻工作的都不愿干轻工作了，如吕德润、魏淑兰等，找主要要工作吵架(原文如此——编者)。刘兆芬组王秀爽手指累的[得]伸不开了(小组产量由1 500—1 850 双)。

二车间通过学习解决了松劲情绪，过去干部认为预备量大，供应三车间无问题，如栾水滇说"睡(一)天觉也没问题"。通过学习批判了松劲情绪和自己自满情绪。黄国祥认为产量高质量就好不了的思想尚未完全解决。

李志达闹情绪产量由 1 600—[降到]1 200，经过思想工作后达 1 620 双，各小组生产都已到了。

郝碧云小组原日产 650 双，认为别组不敢赶，骄傲自满，结果徐克敏组超过了他们，促进了一下。

马应礼，原计划回家结婚，车间动员不走，搞不通，给厂长报告后，决定不结婚了，十月国庆节后再说。

一车间干部解决了畏难情绪。劳动力不足，设备不足，任务大的困难条件考虑的[得]多，原计划至少按二[两]台 16 轧胶机厂内只有一台，学习后解决了。技术人员的保守思想也有改变。如对加大容量问题，只说不行，毫不考虑。学习后主动到小组去为工人进行试验。

供销科干部认为任务这么大,原材料没有,那[哪]儿去想办法呢? 从思想上不愿搞副业,只强调做鞋。

邝书文认为产质量有矛盾不管产量如何,质量好就行。

其他科室对如何大干,八、九月份方向不明确。

老弓下科后,徐禹亭了解他过去干什么工作。

科室划分后,有些各管各〈一〉摊的现象。

检验工人一见产量高,就喊"注意质量"! 变相的[地]泼冷水。

樊东智:从上午二[两]个车间汇报来看,群众是发动起来了,情绪很高。

李书记:目前情况是:一、右倾保守思想初步得到批判,各车间已注意偏向革新方面,群众干劲很大,但对干部学习抓的[得]还不够紧。通过学习应检查出主要问题和思想。有些科室和车间之间的协作观念和整体观念还应加强。各级领导面向生产亲临前线指挥生产不够。

池主席:今天的党委会应形成一个划阶段的党委会,将 11 日以来的初步战役,应有一个估价。我们的工作总之为二[两]个方面:一是发动科室,一是开展竞赛。当前总的情况是:新的高潮基本形成,但程度有所不同。表现在工人干劲比干部劲头足,车间干劲比科室干劲足;二车间劲头比别的车间定产量上突出,提高 36%,思想工作抓的[得]较紧,一面抓生产竞赛,一面思想分类。三车间还应努力,总产量已提 2 000 多,个别组突出,如刘兆芬组打破力士[历史]记录,但大多数组提高不突出;生产、供销科,干的事不少,但其他科劲头不足,突出的是技术科。

根据情况下步怎么办? 我个人初步意见是:将今天党委研究的落实指标和十天来的情况,召开一次干部大会,再进行一次交底,进一步发动群众。具体意见是:

1. 贯彻区委提出的口号"日增一"、"百时无废品"、"月有不领料日"。具体运用这些口号,提出不同部门、工种、小组的具体任务,进一步发动群众。应根据不同生产情况加以运用,如锅炉房可以运用"月有不领料日"的口号。各车间应做具体规划,大力宣传做到人人皆知。

2. 应抓一抓巧干,新的高潮基本形成,但单凭体力不行。利用鸣放意见,加以采纳。

3. 突破死角,达到竞赛运动均衡发展。那[哪]里薄弱,那[哪]里下力量。

4. 竞赛形式再热烈一些,挑应战、祝贺、报捷、罗[锣]鼓喧天的热烈搞起来,厂领导不能只等报捷,应多主动的[地]搞些贺喜,车间更应抓经访问、贺喜等造成声势。开支问题也应适当用一些。

以上做[作]为第二个战役主要内容,同意厂长提的搞比武台方法,第二个战役时间,从即日起至月底止。

王厂长:对情况分析很重要,应做出正确的估价。当前是高潮的开始,较有促进力。

学习着重反右倾和克服瞒[埋]怨消极情绪,这很重要,应深入一下。

对车间、科室的估价应是运动基本形成但发展不平衡,较恰当些,当前成绩是大的,程度是有所不同。

1. 要搞起高潮来,既要轰轰烈烈,又要踏踏实实。一方面大干特干,一方面具体分析思想和指标。

2. 贯彻检验制度,进一步巩固产品质量;健全工艺规程,提高工人技术水平,必须从此开始。

3. 党委委员应进一步明确分工,下楼抓运动,推向高潮。怎样上前线问题,应具体研究。

唐凤仪:我同意厂长的说法,当前应是运动开始形成,高潮即将到来,较为确切。

进一步发动群众,应从领导检查这一阶段领导如何开始,对运动开展不平衡的地方,应从下面发动。对问题看法也不要绝对化了,如车间之间的增长速度、科室与车间的干劲问题等,否则会给车间泼冷水,影响车间积极性,我们从领导思想上检查着手,对干部的启发更大。

下一步如何抓的问题,我同意池主席的意见。竞赛内容为领导应进一步具体化,做到多种多样。搞巧干是巩固竞赛的主要不可少的方法。

领导干部分工,抓目前生产关键问题就是很重要的问题。对下面的工作也是一个促进。

马德海:估价问题,同意厂长的提法,比较切实,同时能更促进群众的情绪。

下一步工作,同意池主席意见。在竞赛中应注意技术,经验交流的工作,应加强组织领导。

运动事实上是不平衡，我们厂级也可以把车间和科室具体的[地]分析分类。

那[哪]个车间好，成绩大就应该公开讲，学先进、比先进、赶先进是中央提倡的，这不会泼冷水，影响积极性。主要是否实事求是的问题。应具体分析。

对供销科的成绩应看到，但对缺点和不足的地方，也应看到，当然应看主流方面。

唐风[凤]仪：我提的是应具体分析车间对比，指出好坏的地方，不能只用一个数字对比，并不是不敢提好的。

樊东智：把当前说成高潮已经形成是有问题的。高潮即将到来还[才]是正确的。

衡量车间、科室的好坏，应有一个尺度。各部门的具体条件也有所不同，应具体分析。

从领导上检查对群众领导问题是必要的，但下面存在的问题也应指出来。

今后怎么干，同意池主席及其它同志意见。1. 巧干问题，当前应是主要问题。树标杆，在全厂范围内掀起一个先进帮助（一个）落后，落后赶上先进的运动。它实质上贯彻了如何巧干的问题。

2. 在干部中应明确的[地]讲当前情况（不平衡），而且应抓的[得]狠，经常汇报，要打破按步[部]就班的工作方法。

3. 当前变化多端，领导同志应经常碰头，并明确分工。

池主席：我们对运动的估价还缺乏经验，通过今天争辩更加进一步明确了。提法上无原则出入，而是对事件的看法和说法上的问题。至于如何发动群众的问题，同意小唐意见，多从下面鼓劲。但在党委本身应有一个正确的估计。

从供销科与生产科来看，是干的[得]很棒的，但从科室比重来看是否逊色于车间。事务发展不平衡是正常现象，应具体分析。我同意发动群众应从正面鼓舞群众干劲，但也应树立对立面。

我也同意小樊同志（的）意见：抓紧汇报，一天一汇报，就能解决疲踏[塌]情绪（王厂长补充：必须党政工团按系统的抓，最后系统）；汇报方法还是统一干好一些，对车间压力小些，否则车间人就空了，缺点是有些一揽子。

同意党委委员分工的意见。负责车间工作的委员不再增加任务。主要是上面几个主要同志的分工。车间工作晚,应通过自己职能去发挥作用。

李书记:1. 今天会议质量较高,通过争论思想更加明确,估价和今后工作问题,我都同意。但今后竞赛如何进一步抓下去的问题应很好研究,不能满足现状。内容、形式、要求等都应有所不同,不能要求一律。应注意可比性,生产管理工作也应跟上去,以免发生问题影响群众情绪。如有事假的小组统计问题应考虑;竞赛中党政工团的分工为结合等问题也应研究。这一系列问题都是细致复杂的工作,一定要从干中研究,从研究中干。

2. 汇报应加强,党委应全面掌握情况(分工问题个别研究)。汇报问题也不要绝对肯定是统一抓或分头抓,可以两者结合,根据具体情况,临时决定,不要绝对化。

3. 工作还应继续逐步深入,生产逐步的[地]上升问题,应积极组织力量,尽量把生产提前赶,还应向骨干进一步交底。

4. 对干部学习问题应紧紧抓下去。才做二次具体研究。二天一次不行。党委委员必要时也应组织学习。

生产科和供销科的作用问题,不应认成决定作用,决定作用应是党的领导和群众路线问题。

王厂长:对汇报不能放松。必须要抓,但整个拧在一起有问题,应发挥组织作用,这是主要的。也不是绝对不能在一起汇报。

李书记:当前应具体明确各科、各车间和工段的关键。星期一召开干部大会。

日期:一九五九年八月二十八日

出席人:李树仁、池中鳌、刘锦忠、马德海、唐风[凤]仪、白春义

列席人:区委检查组刘玉岭等同志,团委高建元书记

会议内容:研究生产大检查问题。

李书记:主要研究一下大检查问题,把组织领导问题也整个研究一下。请刘玉岭同志传达一次怀山同志的布置。

刘玉岭:前天李书记去市委开会时,怀山同志具体的[地]提了一下,通过

检查要总结那[哪]些经验。

目前 80%的厂干劲起来了，其中部分厂过去干劲说很足，虽有一度有松弛，但经反右倾学习后，立即就起来了，这些厂重点研究生产安排问题。

尚有 10%的厂需要更深一步发动群众。个别严重右倾分子要进行斗争。

重点检查八、九月份生产安排，通过检查把计划落实，九月上旬不能低于八月下旬。计划应全面的[地]抓，这一段产值可以多抓一些，但产值、质量并重。仍应学上海，超上海。品种也应检查是否少了。劳动组织调配是否合理。任务大了有无私抬乱推。

应研究出关键进行检查，检查措施是否 12[充]分，检查技术革命和技术革新的面深入如何，检查一下标兵的群众性是否层层树立。比学赶是否全厂大规模。先进的要帮助落后。检查先进指标也应检查先进思想，所有仓库皆要清点一下。

要总结以下几方面的经验：

1. 领导干部既见物又见人。

2. 破除迷信，解放思想和科学研究相结合。

3. 集中领导和大搞群工运动。

4. 党委领导、厂长负责制和政治思想与生产相结合。

5. 政治教育和奖励相结合。

6. 轰轰烈烈、扎扎实实相结合。

7. 生产技术和业务的相结合。

8. 党支部、小组、工会或团领导生产，大搞群众运动的经验。

李书记：通过这次检查要总结经验，推广经验，找出缺点，改进工作。

高书记：总的精神是贯彻八中全会精神，克服右倾，鼓足干劲，具体应从当前具体工作着手。从八月份生产完成情况及九月份的生产准备检查着手研究。怀山同志谈到当前技术革新不活跃，也是干劲不足的表现。也可研究一下从化工行业技术革新方向问题。

李书记：（个人的不成熟意见）

1. 先成立组织。成立领导小组，下设办公室。车间成立领导小组。成员问题可以研究一下。车间可以（由）党政工团组成。

2. 第一步研究一下八月份，发动群众、制订计划、完成计划等方面有何问题和经验。进行一次全面的检查。对指标和措施、革新方面进行一次检查。第二步对竞赛问题进行一次检查。竞赛和日常管理如何结合。在检查中应注意一些经验。在检查八月份工作基础上应研究一下九月份的工作安排问题(九月份计划 211.3 万)。

3. 总结经验。可以有大的也可以有小的。发动群众总结经验,特别是骨干。各车间小组都应考虑一些经验,如小组竞赛、小组管理、车间对小组的领导方法等方面。支部的核心领导作用也可以总结一下。

召开一些会议(骨干训练小组长以上,干部会或群众大会)。

池主席:

1. 成立组织机构,同意李书记意见。成员 5—7 人。党政工团负责人:窦宪素、杨金和。下设办公室:纪硕钰、薛尔缄或赵怀燕。车间 3—5 人成立小组。

2. 检查要发动群众搞成运动,先党内,后党外;先干部,后群众。时间要快。四级组织、三级检查,工段刚成立不见不检查。检查内容可分二方面:① 对厂级及车间基本按照市里提出的八个方面进行。未包括的包进去,向干部交底。② 小组的内容应简化一些。方法上以鸣放为主。在鸣放基础上继续鸣放(小组会)。内容:指标(产、质量、节约);小组管理(重点是组长和各大员发挥作用方面);干劲如何(通过检查补充干劲);结合物资大检查;通过检查再树立一次标杆(评比)。

3. (办公室事务)总结经验,集中力量。总结集中领导和大搞群众运动相结合的经验;管理经验;小组工作经验(或小组管理)。大检查中八个方面问题的数字应搞清。立即就要抓。

4. 通过检查来一次全面的评比(车间与车间、小组与小组),在检查基础上进行。通过评比为大干九月份打下基础。

5. 关于右倾保守,松劲情况是有的,晓塘同志报告后是有好转的,从当前完成 2 000 万产值的可靠程度大大加强了。通过检查发现问题以后,再确定。通过检查实际是一次继续发动。可召开一些专业性的座谈会。在思想上应明确检查不是检讨。

唐凤仪:检查目的主要是继续反对右倾情绪,继续跃进。通过检查就会找出经验，暴露问题。检查内容应广泛一些，按市委指示进行，不必〈要〉限制几个经验。经验是从检查工作中着手的。

小组检查主要是揭发性质的，不是检查工人，是为了进一步推动工作的，可以发动群众总结经验。方法可以小组鸣放会，座谈会或三结合会议，职工代表检查的方法。

李书记：从八月份生产检查入手。从检查中发现经验，总结经验，发现问题，研究解决办法。

可以总结一下小组管理，竞赛，党小组，团小组的工作经验。现在已有的经验就可以插手组织写。检查中应结合清仓问题。

马德海：这次检查也是不断革命，进一步推动大跃进。

李树仁：有些小组干劲不足，就从帮助落后着手，要搞好这个工作，首先把干部发动起来。

李书记：

1. 组织：厂级领导组下设办公室。车间成立组书记挂帅。

2. 从检查八月份工作，结合区提的八个重点，发现问题，研究办法，进一步确定九月份生产工作。在没工作中(原文如此——编者)，科室和党工团各部门也应检查一下，拿出九月份工作意见。

小组主要围绕八月份工作和九月份生产安排提出意见(包括群众满意的和不满意的意见，即好的[优点]和缺点)；检查小组八月份任务完成情况，发现小组工作的经验和问题；车间根据小组具体情况，协助小组总结一切小组管理，竞赛问题，党团小组的经验，小组管理。

3. 召开会议，层层贯彻，先党内后群众。与物资检查结合起来。

4. 搞一次评比(标杆评比)。

刘玉岭：注意普遍检查和总结检查的结合。

池主席：明天党小组长布置：车间召开党委会布置，后天上午干部大会贯彻。星期一组长以上骨干会。星期一下午群众见面。

李书记：1. 要抓一抓落后人、组的工作。使他们很快的[地]赶上去。2. 群众越干的[得]欢，安全工作越应注意。多上着点，不应出事故，这是关心人的表现。3. 新的标杆问题很迅速搞一下，要做到人人有对象。

日期：一九五九年九月六日，下午

出席人：马德海、唐风[凤]仪、白春义、樊东智、陈大钊、李树仁、池中鳌、李连贵

列席人：吕国珍、韩耀明、张福君、杨真乾

李书记：最近安全事故不断发生，研究一下。

池主席：(传达李虹同志报告)，万晓塘同志提出四个问题：

1. 九月份生产是非常重要的。因为：① 九月份是国庆前夕，九月份计划完成好坏是保护总路线的重要任务之一。② 天津是大城市，今年天津生产水平很低，因此在生产上大跃进一步不仅有政治意义，而且有重大经济意义。关系全国。③ 解决财务问题。去年天津拉下一些债，主要是海河工程和教育工业发展的问题，工厂搞好生产可以提成，津市生产若搞不好也[则]不能提成。八月份特别是最后一周是今年来生产最好的一周。纠[扭]转了逐月下降的局势。但还低于一月份水平。八月份跃进的特点是行动快、声势大、效果显著。

2. 要把二[两]本账变为一本账。根据八月份情况看是非常有把握的。九月份全市产值要达 8 亿—8.6 亿。我区要达 1.6 亿—1.72 亿。比八月份提高 25.4%—35.8%。因此要求九月上旬生产不要低于下旬，尽量往前赶一些，当前电力供应紧张，不一定在那个地区停电。要求上旬完成 2.5 亿，中旬完成 2.9 亿，下旬(完成)3.2 亿。现在情况大有好转，在津召开的物资交流会，有些物资彻底得到解决，如棉花。许多原材料都有好转，有的根本好转，有的基本好转。橡胶没有大好转，但也有好转，有一批三角带要做。

3. 抓什么？① 要抓住反右倾保守思想和畏难情绪。解决这个问题的基本方法就是要学习好。② 要抓措施的实现，有些可以实现的应马上实现。但应具体分析。③ 要抓群众的建议。④ 要抓节煤和节电。今年煤紧张，最低[少]要节约 10(%)—15%。

总之，是大搞群众运动的问题，其重点是领导态度问题，是站在群众运动前面还是后面或是对面？要注意总结群众经验。

4. 要把管理工作加强。有些制度该补的补，该订的订。目前工业大检查要继续进行。加入[班]加点要注意控制，不要太多了。

区委的意见：

1. 九月份生产水平原要求提高40%,现在看来大了一些。化工只能达30%左右。如果30%达不到,最低也要完成局下达的任务。再算算细账,挖挖潜力,可以的话修改一下指标。九月份计划要求提前3〈天〉—5天完成。

2. 大施发动群众搞竞赛,超赶比。区委组织三次报捷(11日、21日、26日)。计划要每旬一检查,按旬完成。厂内也可以组织报捷。

3. 加强安全生产,关心生活,加班加点不要提倡。七、八月份以来,事故不断发生,如不注意就会发展严重。工人干劲足了,必须关心群众生活。加班加点必须请示,不要提倡。

李书记:根据万书记和李书记的指示精神,谈谈个人意见。自上次党委会后,行动较迅速,把大检查与生产、工作安排结合一起进行的,看来是对头的。

九月份工作:

1. 应该大局,国内外敌人正在看我们。我们必须发动党员及群众挺身而出,确保九月份任务的完成。这是对敌人的有利[力]反击。因此在干部中还必须深入进行学习,使学习和运动结合起来,一方面学着一方面干着。应有计划的[地]安排一下学习问题。老马同志考虑一下计划问题。

2. 应抓住几点工作:

① 大抓措施,大闹技术革命。措施有的已订出来,有的正在制定,还应继续发动群众,重点抓如何巧干问题。应围绕生产关键和中心进行技术革命和抓措施。必须分清主次,分清缓急,紧紧抓住关键措施,保障生产。数量问题,区委要求每人平均10件,我们不要向群众硬灌,领导掌握即可。

② 把竞赛高潮抓深抓细。要掀起一个大规模群众性的比学赶高潮。可以采取分级赛、横线比,使人工比学赶。扭转少数人竞赛的局面。使落后的赶上去。取得大面积丰收。在这运动中应注意以下几个问题:a. 全面改换,防止偏废一面。b. 加强领导,组织对口,加强统计工作,搞一些图表。c. 注意抓二头带中间。先进的应交流经验,巩固成绩,继续前进,落后的应赶上去。d. 加强评比工作,树立标杆。e. 要抓一下思想分类工作。

3. 抓生产,抓生活,抓安全问题,曾在党委会上几次提出这个问题,但我们抓的[得]不够好,八月以来,陆续发生事故。关于安全问题,原动及各车间应结合九月份工作安排,发动群众进行检查、进行教育。必须从思想上重视起来,不应好[有]万一的思想,必须严肃认真。没有丝毫松劲。工作再紧也要抓这一工作,至少搞一星期。进行工作中应把目前的问题向群众交待[代],必要时领导上也应进行检查。① 把过去破了的制度,重新检查,破的[得]不对应马上恢复,缺人补人,缺设备补设备。立的有效(的)制度也应检查补充。必须从制度上严格起来,在月底前要公布检查结果。② 要从思想上解决问题。现在有些同志对安全工作不够重视,重生产轻安全的思想还存在。安全不比生产,生产计划完不成可以赶工,安全出事故是无法弥补的。今后在安全问题上应严格纪律。定期召开安技员会议和加强宣传工作。对事故应严肃处理。

本星期二各科汇报大检查的经验。星期三车间汇报(大检查,群众比学赶活动,抓措施重点,党小组经验等情况)。

王厂长:

1. 大干八月,特干九月,产值一月顶二月,在我厂可以办到。八月份 130 多万元,九月份计划是 213.5 万元,胶鞋已达预计,最高日产量,产值已达九万三千元,力争 10 万不困难(计划 8 万)。计划产值再增 60 万元(折合球鞋增产 10 万双)。群众干劲大;有物质基础。承揽加工已卖出去了,计划落了实。胶鞋日产争取能达 18 000 双。粗粮细作精神仍应继续贯彻。上半年试穿问题我们已打了胜仗,下半年必须要力争第一,除技术科,必须继续努力外,应在各工序的工艺过程中解决,特别是硫化工序方面更为重要。应总结经验,永远保持光泽鲜艳。

2. 贯彻安全生产也是保护总路线的重要方面。同意李书记意见,我们必须做好安全生产。因事故停止了部分生产,满足不了群众的干劲就是泼冷水。即使停半小时也是泼冷水,停的[得]多就是大泼冷水。最近外宾都要来参观,如果停产影响是很坏的。当前必须积极设法恢复生产。昨天的事故是不应该发生的。对安全工作的检查问题,应有重点的进行,以原动为重点普遍检查,不应影响大跃进。不到胜利不收兵。原动车间的任务就是搞安全的。经保科应将过去发生的事故逐件的弄清原因。是思想问题还是制度问题?我身为厂长负领导责任,若不闻不问,是失职行为,现在党委会提出问题,分析原因,并组织检查研究,就算是负到领导责任了。

李书记:从前的问题主要是吸取教训,提起警惕的问题。

池主席:当前生产不安全,对我们的威胁很大,大的没有,小的一个接一个，许多事故是险肇的。所以我们应把安全问题提到最高的地位来重视它。要严肃对待问题。安全部门应把连续发生的事故归纳分析一下，实事求是的找出原因，进行教育工作。这是关心人的问题。该批评的也应批评，必要的也可以处分。有些制度该订的也应订立起来。

由于昨天出的事故，对当前生产确是威胁。若因其影响而完不成九月份计划，不仅是经济上(的)损失，也是政治上的损失。必须设法保证九月份计划的完成，必要时动员群众设法补上去。

银行为了减少市场压力，货币回笼举办实物储蓄，八中全会决议中也提到了储蓄问题，这证明已不是银行的一项工作，而是全党的工作。应发动一下群众搞搞储蓄。应贯彻自愿原则。

杨真乾：前天局里完[安]全评比，因我厂事故多未被评上。火警今年四次，要求评车间小组，个人星期五报局。

白春义：过去有些制度执行的[得]不坚决，如王思元建议操作问题，原动过去变电所有制度应研究一下，如何恢复的问题。

马德海：九月份抓住这四个事儿，基本上抓住了关键。四项工作应该结合，不可分开，有密切关系。各车间现在总结的经验应如何推广。二车间准备通过马俊如事故的教训进行一次全面的讨论检查。宣传部上次布置了一下回收废物资供应问题，要求教育党、团员和干部一定不能去排队买东西，以免影响。

唐风[凤]仪：安全检查应与生产大检查结合起来看为一个内容。从领导上也应组织一个检查组，重点的检查一些问题。

樊东智：安全检查问题，特别是有些制度过去破得不对的，仍应恢复。安全问题主要是预防为主。应抱有备无患的态度。检查的重点应制度方面考虑。当前党委抓的[得]还比较及时正确。

李书记：小组安技员应有些权，可以制止违犯操作规程的人进行工作。奖惩严明，及时处理。今后无论大小事故一律不能轻易的放过去。

李连贵：我们要重点放在安全检查上，这是我们的关键。下决心要搞好，杜绝事故发生。变压器在外面修，至少三、二月，准备发动群众，自己修理。安全制度我们基本都恢复了。主要是思想教育工作还有问题。

陈大钊：安全问题应提高到原则上去认识。但有些问题需要研究，其他车间对原动车间在防范工作上多提出一些帮助性的意见。另外,党委是否可以准许原动车间对与上级指示有抵触的工作提出意见。各车间和厂级职能部门,都应对原动车间的安全工作加强监督。

李书记:各组织应结合起来,加强日常工作中经常定期的挂钩,不要等事故发生后再办。

日期:一九五九年九月十日,上午

出席人:窦宪素、马德海、白春义、唐风[凤]仪、樊东智、池中鳌、李树仁、王建常、陈大钊、李连贵

列席人:杨金和、刘锦忠、朱之熊

李书记:昨晚七点,区委召开了一个紧急会,布置了一下九月份工作。八月份,全市产值较七月份增22.31%,上旬3.72%,下旬增62.58%,九月份全市要求完成8亿—8.6亿,上旬不要低于八月下旬,中旬大增,下旬特增。

一、今后要轰轰烈烈地开展短距离竞赛和突击活动,内容有二:生产指标,当前的主要工作。指标有五比:

① 比指标。高产、优质、节约、多品种。产值、产量要比原作业计划提高15%—20%,质量已达90%以上95%以下的增3%,95%以上一个99%以下的再增1%,99%以上的增0.5%,单耗再降低3.3%—5%,品种要求100%的完成计划。

② 比措施革新。提的多,质量高,实现快,效果大,解决关键好(突出)。

③ 比竞赛。看深、广。看学比赶干劲足不足,先进经验推广快不快,竞赛组织领导细不细。

④ 比安全卫生。事故少,文明生产好。市容整顿快。节前不能整顿市容的必须与区联系。

⑤ 比领导作风转变好和领导艺术问题。抓关键紧,深入第一线发现,解决问题又多又快。

短距离突击也要搞。

时间安排:11日—17日,为第一周。18日、19日,搞评比。20日—26日,为第二个竞赛周。27日、28日搞评比。28日—30日搞突击。通过突击要

使本月产值超过 15%—20%，提前三天完成九月份计划。

口号：大干关键月，巧干 20 天，高产、优质、低成本，提前三天把礼献！

关键月中除 18、19、27、28 日，按战区评比外，到月底由区总评。

二、大闹技术革命，抓措施。应迅速把技术革命搞起来，热火朝天。

三、生产大检查。有些厂动的[得]较好，有的较差，要求各厂重视。① 应把领导小组建立起来。② 组织职工代表团 30—50 人组成，分片检查和专题检查相结合进行，发现重大问题，应总结经验，发动群众大鸣大放或专题鸣放，把检查出来的问题开大会向群众做交待[代]。

四、加强思想领导：① 认真宣传，八中全会精神和主要点，要深入人心，谈十年来的成就，必须让每个职工知道，提前三年完成第二五年计划主要指标；十年赶上英国；大大提前实现农业纲要四十条。要立即把标语换换，口号要弄出来。② 学习问题。积极组织干部学习，要联系思想进行检查，也可研究右倾思想的具体表现及其根源。③ 市场问题。国庆节前后，党、团员不要抢购东西，向党、团员传达，作为纪律和生活会内容。在工作中不要浮夸，应注意全面指标和加强协作和团结。

五、加强组织领导：做好全面安排，抓生产、抓思想、抓生活。十月份生产安排应及早考虑，可能这次放假时间较长，有些厂现有加班现象，应注意，必要的应与区联系。有些组为了高产不喝水也不吃饭，应注意关心群众生活，抓巧干。

领导干部全要深入第一线。能参加劳动的一定要参加劳动。

九月份是关键月，十月份更紧张。大干九月有更重要的意义，这是看看全民贯彻八中全会决议的问题；回击右派分子，庆祝十年大庆。

当前节煤、节水、节电是一件很重要的事情。在生产安排中也应考虑这些工作。

池主席：昨天上午区召开比武大会上，我厂□□产值比上月增 65%，革新 10 000 件，节约生胶 6 吨，帆布 3 000 公尺，质量比原计划指标提高 1%。

朱之熊：11—17 日，计划产值 8.4 万元，水平安排 101 250 元，提高 20.53%，如完成，可以打破池主席昨日大会提出的数字，全月产值计划 2 180 千元，预计能完成 2 570 千元，超额 21.2%，较上月增 77.48%(八月份完成 1 448 千元)。日产量鞋 17 000 双(上旬能平均完成 16 400 双)，其中球鞋

6 800 双,力士 5 600 双,纲[网](球)鞋 4 600 双,这一安排基本能考虑到三个车间的平衡。同时也考虑到质量问题,所以只提高 600 双鞋,化学胶布 5 000 公尺,生胶爽胶布七千公尺,再生胶布 6 000 公尺,乳胶手套 260 付[副],沿气管粉制的 160 公斤,颗粒 200 公斤。日产值:106 578 元(其中较计划多 5 000 多元,主要是每日考虑 5%的不利因素,如供电、供应等)。完成上述任务,主要是硫化劳动力不足有些问题(缺 22—23 人),原料也有问题,最大的是再生胶和布的问题。化学胶布的布是计划外产品,最近连夏季用花布都买来了。本周问题还不大,再生胶数量不足,质量次,1—6 日只供 1.5 吨。本周问题尚不大。大底板问题当前影响计划完成;啤酒瓶盖垫的月初应解决;四联滚保证正常运输问题。

根据当前情况看,全月提前四天无问题。

池主席:从当前大局看,不是平常的时代,应当拿出去年炼钢时的干劲来,立即行动,一方面发动群众,一方面做好准备工作。

1. 今天就与群众见面,召开一个干部会议,广播动员,使每个人认清形势。发动群众的主要内容就是区委提出的几方面,明天开始高产周。

在群众起来后,应注意几个问题:小停工问题,这两天不断发生,应注意均衡问题;指标制订应注意群众积极性,分二[两]种指标:一是行政下达的,一是小组自己订的跃进指标,特别是产量问题。

2. 关于技术革新问题。群众干劲越大,越要抓这一项工作。下星期一搞一天革新日,每人搞它 10 件、8 件的。全车间可提一个总的要求,不要每人绝对的分配数字。

3. 组织职工检查团。利用业余时间检查,成立一个总的由厂级组织,到处检查,包括科室和车间。事先通知有关部门。首先由部门领导汇报,再深入下去看。各车间也组织一下,检查工段和本身,也是汇报、检查。应与高产周结合起来。厂级检查团 11 人左右组成。车间 9 人左右。在发动群众的同时就成立起来。

4. 发动群众必须把安全和质量问题插进去。当前这是关键问题,必须紧紧抓住。

李书记:

1. 日产值 101 250 元,必须确保完成,不许完不成。节约问题应计算一下。质量问题应大抓一下突出的搞一搞，最低要达到区委提出的要求，从明天起就应做到。安全问题仍应继续注意。

2. 提革新应围绕生产关键，有关完全、质量、节约等内容皆可，范围应广阔一些。同意搞革新日，事先做好宣传和思想准备。由行政有关办公室印一些表。如有效，今后可以每月搞一次。这次搞完后，看效果，各车间掌握。

3. 组织检查团，厂级为检查团，车间为分团、团长由工会主席担任，厂级由我和池主席组成。方法采用分片和专题相结合。最后汇总向群众交待[代]。成员多少问题车间根据情况决定。厂级应包括各科室和车间的人员，各车间出二[两]人。检查团的主要任务是发现经验，发现问题，密切结合当前工作。

4. 学习问题应加强，按计划执行。学习过程中应联系思想检查工作，研究一下右倾思想的表现形式及根源问题。市场问题应由各支部分别传达一下，放到生活会内容中去。宣传工作应加强。生活问题还应注意，食堂伙食方面还应加强一下。卫生问题也应搞搞。指标计划安排问题由厂长贯彻，党团由支部一起贯彻下去。

王厂长：传达一下化工局党组扩大会的精神。

质量问题是当前的关键问题，必须坚决贯彻粗粮细作的精神。特别是胶布的质量。再生胶问题，现在采取千方百计，从公私关系上想办法。安全方面，区委要求 110 天不发生事故。措施方面，每周要活动四次（安全教育、考试、评比等）。加强安全检查工作，出事故就是给群众泼冷水。关心生活问题，当前应抓三项：环境卫生；食堂；住房问题。少花些钱绿化。食堂必须了解车间关键问题，那儿完成计划好，可以请吃饺子。明年准备随着生产发展盖一批宿舍。目前困难尽量克服。干部会不开了，已经开过了。

池主席：发动群众，今天中午开始我负责。干部会要开，把区委的精神和当前形式讲清，把干劲鼓足。下午二[两]点半开，由书记、厂长负责。

王厂长：经过奔跑向局里要了 20 个人。局对我们搞查定，提高劳动生产率的经验很满意，准备召开现场会议交流经验。我们应巩固成绩，发动群众来一次自查，主要是查时间。通过查时间修改定额。各车间找三、二个组试点，取得经验后，再全面进行，这对提高劳动生产率、节约人力有很大好处。

池主席：党委会必须明确中心，这些工作实际是搞高产，放卫星，因此，必须把劲鼓的[得]足足的，围绕这一工作，紧紧注意安全和质量问题。

检查团问题，各车间出来二[两]个人，明天下午到此开会，星期日就活动，各车间明天也要成立起来。

为了应付当前任务大的局面，在领导方法上要改变一下，争取集中，少分摊子，以减轻车间负担，在这种情况下，这样做是必要的(王厂长：工作上一定要分)。

绿化可以搞搞，但不要多花钱。“查定”应称为“挖潜力”，不要搞个簿去查。

王厂长：不管怎么样，已经是查了，就是发动群众的问题，你发动就发动，不发动就算了。

樊东智：要少停工，领导要解决具体问题，切底部当前是关键，病假轻工作的都坚持了生产，但仍很紧张，厂级领导必须抓紧解决。领导应深入各车间去帮助解决关键问题。我们应具体研究一下究竟怎样上第一线。

同意搞革新日，但〈主要〉当前的主要方向是什么？重点抓那[哪]些东西？〈等〉党委应具体研究一下。如巨型传送带、汽[气]压合大底、机器扒楦等项目。各车间件数应分配一下。

马德海：技术革命主要是实现问题，因此应有专人负责管起来。

窦宪素：八中全会学习问题，区委抓的[得]很紧，经常要汇报，但进行几次汇报后，学习情况不好，出勤差，联系实际少，只停于读报，应很好的抓一下，作为发动群众的内容之一。

李书记：计划订下来了，只能高不能低。

领导深入第一线问题，今天不具体研究了，大家考虑一下。所谓深入第一线，是指把工作全面安排好后，到科室、车间、小组去抓关键，解决关键。主要是深入工作问题。

技术革新提案属于那[哪]个部门的那[哪]个办，牵涉二[两]个部门以上的，由提建议的部门主动找有关部门研究。都应抱积极试验的态度。关系全厂性的大问题，交办公室办理，可通过小型专业会研究解决。学习问题还应加强，请假必须按理论学习制度办理。

安全活动方法占用业余时间，每周暂时不要超过一次，可以多通过广播活动。车间可以具体安排。伙食问题应全面改善。关于完成计划好的吃一顿问题，应细致研究一下，以免发生问题。绿化问题应掌握，尽量少花或不花钱的精神，花百、八十的或再多一点，也可以明年春天搞。

## 党 委 会

日期：一九五九年十月十六日

出席人：李书记、池主席、老窦、白春义、李金和(列席)、唐风[凤]仪、李连贵、马德海

李书记：根据万书记报告，要求提前两天完成10月份计划。

马德海：讲李书记、万书记报告，八大学习问题及群英会整个开三天，参加人员二千代表，五千集体和五万个人。

这次会议解决的问题：① 解决出席先进个人与集体。② 交流经验。③ 推动学赶超运动，这是我们当前工作的动力。

根据万书记报告大体提出决战15天，今后继续揭发运动高潮，如何学习好，宣传好，这是关键问题。

区要求：1. 各工厂把这次会议，当作推动当前生产跃进的动力。2. 通过这次会议，在咱区掀起一个学赶超的中心运动来了。不断创造新记[纪]录，提前二天完成中旬计划，并为提前三天超额完成10%打下基础。会议贯彻方法，内外结合，领导与群众结合。3. 保证讨论与推动生产结合起来，为达到此目的，具体要抓以下几点：① 认真做好群英会宣传工作，提口号，造声势，造成提前二天完成中旬计划，提前三天完成超额10%，提前15天完成全年计划。① 传达万书记报告要求结合本厂情况，具体明确，开展学赶超竞赛。② 十八号区委组织全区搞搞大会，要求所有宣传干部把一切宣传工具利用起来。③ 各厂领导做好万书记报告讨论工作，各科产值比全年要提前40%。

准备工作：

① 讨论认真，不迟到早退，思想文件，联系实际，根据本厂情况，明确方向和奋斗时效果，规划(小组、个人)。

(一) 如何提前完成2天中旬任务。

(二) 三天超10%。

(三) 提15天完成全年任务。

(四) 学习谁赶谁?

(五) 如何实现市委指标。

领导深入第一线,要按时按日的报生产情况和礼推学赶超。

林部长讲: 宣传要继续深入贯彻,八中全会和省一次会议,克服右倾情况,开展学赶超,给群英会打巷后战,宣传是我们革命干部对中心运动的革命态度问题。

具体方法管理。① 提口号,造声势,四季度突出搞群英会,掀起高潮。② 宣传工作在党委的领导下,政、工、团干部一定要配合好,多样化,对先进人物宣传党委一定要审查。③ 区工会组织个先进人人生观讲解团,可真实访问等。宣传干部树立先进人生观的集体主义观点,同时也要注意宣传先进思想。④ 宣传与当前生产思想,普遍与关键问题结合起来,党员中的先进思想和先进事迹在党内讲下。

注意问题: ① 注意各个方面的人物,便与[于]调动各方面人物,注意他们的共同点和特点,党委要抓下结合他们的材料,(以)便大家学习方向明确。② 宣传车□□时要注意实事求是,号召人物时注意□出党的培养教育与群众的大力支持。③ 宣传高度的共产主义风格与□□的关系。④ 通过宣传造成一个学赶超的高潮,人人争先进插红旗。⑤ 对先进者教育之外,注意提高他们要等领导及看到(原文如此——编者),也很[看]成绩也要看到缺点。

八大对一般党员、职工的教育,比支部生活为主,党员以学课为主,群众以政治课为主。

池: 开群英会前要掀起一个学赶超高潮。

在生产中如何实现高潮,中旬 10—20、18 号这天确定我们能不能提前 2 天完成中旬任务,但不□完成有掌握,所以 18 号上班这天 8 个小时不便,但生产不要低于 9 个小时生产,这对提前两天完成中旬计划(是)有利条件。给提前三天完成 10 月份计划,也打下了基础。

另外,贯彻群英会最根本的东西是提前多少天完成计划问题,现在应拿出具体数字,实际也是交我们的低[底],也是根本性的问题。

会议精神"群英会",应在我们厂贯深贯透,所以宣传工具把它利用起来,开展技术革命革新等等标语口号,各车间可自行掌握。

对干部我们要结合宣传八中(全)会进行,认清形势,对工人主要结合形势,大跃进提出跃进计划。下星期 8 个小时工作,今后需要〈时〉10 个小时也非常必要的。

杨金和：10月份拿出一点时间来搞技术革命，推广先进经验，应作一次调查，厂内推广好了应到厂外，把学、赶、超，使落后的干[赶]上先进。

马德海：宣传会议的意义：（一）方法。1. 广播站充分利用。2. 报纸发表的先进人物。（二）交流经验一个人的或小组的，订规划大力宣传，好人好事，向群英会献礼。组织文艺大军，车间之间、小组之间组织访问。

李林仁：

1. 10月份，继续组织高产，我们贯彻要全面考虑，高产、优质、安全、节约，我们提出个口号，八小时超九小时。2. 推广经验，目前群众对操作感兴趣，20号搞推广经验的小结。3. 技术革新和措施问题，各车间研究下，抓什么东西，25号前开职工代表会，时间不要长了，会后把八月份的生产计划安排了，材料现在开始准备。

目前考虑1960年的工作，计划编制原材料等，在干部中加强领导，没有下去的下去，没有参加劳动的去劳动，宣传工作应花（钱）的就花钱。夜校买凳子应花，注意市场。区级以上的可以照相可花钱，生产奖等奖。

## 党 委 会

日期：一九五九年十月二十八日

出席人：李书记、池中鳌、王厂长、唐风[凤]仪、李志增、白春义、陈大钊、马德海、窦宪素、李连贵，樊东智（请假）

列席人：薛尔缄

会议内容：① 职工代表大会问题。② 11月份日产安排计划。③ 成立技术委员会。

李书记：① 职工代表大会，召开首先推广经验。② 大搞技术革命，超[通]过巧干解决日产问题。高产用实际两项增加，三班问题不大。技术革新面还要大推。

王厂长：目前从□区对技术革新搞的抓紧。各车间与车间，人与人现在有多少人搞技术革命啦，有那[哪]些好人好事。除厂级指定外，还要以机械化为主。

池：11 月份任务有没有把握，拿出一段工作时间，还是那个小组增加工时，如不成的话就要定的[得]有把握。

马：目前区提倡有苦干，工厂干，但□□□□是个什么的主要方法，主要的是工厂搞技术革命，搞两头，把业余时间整一下。

陈：加班加点是否搞五个小时要根据市委的精神，也要结合咱厂的车间情况，苦战容易，革新困难。根据咱们 135 000，八小时可以完成，就不搞九个小时。

唐：我意见把每个小组改为突击队小组，根据情绪，各人很对苦战有兴趣，对搞技术革命劲头不足。所以我的意见，11 月开始就来个苦战，对工作还是有利的。

樊东智：革命，咱们就定 21 万，而咱们在从其它思想下办法，技术革新在根上去。

日产 21 万，第一月搞九个小时，第二月在[再]改过来，按八个小时生产。

技术革新问题：① 自重打眼机，目前出发到组，要 11 月中旬还要回来，研究加工问题 6 台。② 人力缝纫机改电力，11 月完成 20 台，12 月完成 40 台。③ 气压各大低，有[在]11 月 10 日前把现试制成功的拿来用，定型，12 月 20 日完成 10 台。④ 三本账，自动摇，□旧，10(月)份完成(三□□按些[照]11 月 15 日完成)。⑤ 改装机出刷新机，11 月 10 日完成，这批(机)器投入后，可节约□□人。⑥ 切海绵连续化，11(月)份正式生产。⑦ 大低自动切齐，11(月)份 15 完成。⑧ 气压□安排，12(月)份 15 完成。⑨ 钢丝袋，11(月)份正式投入生产。⑩ 自动结合装制，22 寸，在 11 月份一台，12(月)份 1 台。⑪ 二车间上低部按□□□袋。⑫ 一二三两车间□□□□马上投入生产。

李书记：① 技委会的组长，建立党以来，把我与池也加进去，各式后把书、□□加进去，□□□□员改为技术革新员。如有的不将□□可适当在[再]考虑一天，增产节约中心问题是技术英雄。② 考虑下大闹技术革命方向是什么。

王厂长：技术革新，原动车间的担子大一些，如有具体有□小的，可提出来，项目数字，天天上报。搞计划，如机械化，传送化、□□化、自动化。我们机械化为主，与传送化并举，其它可做研究。

连贵：有的项目〈目〉可以完成，有的话[活]是完不成，但党委会决定的事不能或没法变。所以该项目肯定，日期不能肯定。

王厂长：投入项目，只能提前不能后搞，但项目不便。

池：① 投入项目应与车间研究下。② 自留地主要□□。③ 革新项目真正抓紧搞都能搞成。④ 摸一摸老师父[傅]，还有没有技术革新的措施。

## 党委会

日期：一九五九年十一月三日

出席人：李树仁、王建常、池中鳌、白春义、窦宪素、樊东智、唐风[凤]仪、陈大钊

会议内容：研究人大学习掀起高潮问题。

李书记：这次学习把组搞大点，每组四五十人，先把八个万岁搞了，有人认为大跃进得不偿失的，是一边，认为大跃进对的，是一边。

人民公社有缺点是什么，也有一边人，是开小型鸣放会，然后在展开鸣放辩论。

陈大钊：对问题的认识，咱们有什么认识，提出来然后再辩论。

王厂长：我的意见，不给搞结论，先叫他鸣放后在[再]□□，只排□搞材料。

唐风[凤]仪：咱们边搞个□，你认为正确是什么？不对是什么？这样可以互相展开鸣放，小组先不动，在几个问题中，大家在进一步学习，通过这个搞出真理来。

窦：咱们把这一个阶段的鸣放情况做小结，把原话写出来，书记前后做个总结，四个车间，三个小组，保人事，这搞一个，行政科一个，供、财一(个)，厂长办公室一个，技术科一(个)，生产、安技一个。

原、生、按、□为一个组，(组长)：李连贵、杨真乾。

厂长室与行政办公室为一个组：组长主副韩耀明、韩树勋。

供、财一个组：组长樊东智、李瑞玉。

保、八、中技一个组，组长李志增、郭信贤。

一刘，二马、韩，三唐、广，各一个组。

技术科为一个组，马心珍。

樊：鸣放好的只占全区25%，但其他鸣放较好的占66%。

池：我们□□保证鸣放，放透，小组长到对各组具体情况加以研究分析。

另外应带有一些口号性的是□□四个问题，带有综合性的，可以听小组长的意见，针对组情况进行讨论。

（中间缺一页——编者注）

日期：一九五九年十一月八日，上午

出席人：李树仁、马德海、窦宪素、唐风[凤]仪、樊东智、白春义、王建常、李连贵、陈大钊、池中鳌

樊东智：传达市委召开关于技术革命经验交流会精神。

崔部长报告提出，为完成今年计划为明年做好准备，有三种办法：① 增人。这条行不通，明年以提高劳动生产率为中心；② 加班加点也行不通，领导者必须引导群众走向巧干；③ 只有大搞技术革命一条。天津市50%以上的企业为手工操作。当前主要问题是手工操作和笨体力劳动问题、机械化问题。潜力也是存在的。化工要实现液体、管道化；固体、传动化；包装机械化。我们要开展以机械化和半机械化为中心的技术革命，由高精大进军。要土洋结合，大中小结合，做到先土后洋，由土到洋，由小到大；要在国家投资与千方百计相结合，反对伸手向国家要的做法；要学习与独创相结合；制造新设备，与改选的设备相结合，以改选旧设备为主。

首先要进行思想革命，反对保守思想，到头论。要针对关键制订规划，要采取边发动群众边规划的方法、掀起群众运动的轰轰烈烈的高潮。做好选型和定型，推广先进经验。要分级负责，分级实现。关键问题在于领导决心，必须要结合群众实现时间，对群众试验的失败不能泼冷水。革新应掌握花钱少，容易做，实现快，效果大（花钱少、收效快、省人多）。

李书记：传达教育会议精神。

目前形势很好，通过反右倾，鼓干劲，群众干劲很足，在生产上要求提前完成今年任务，为明年做好准备，省委要求苦战三年改变面貌。中央决定在华北三省实现农业“四化”。其中河北省为重点，省委是以津市为重点，津市为重中之重。担子是光荣而艰巨的。省委提出三年包天津、五年包北京（副食品）。

在工业方面省市委提出搞"高、尖、优"。因此必须加强技术改造,才能提高生产水平,贯彻多快好省。主席指出过在生产大跃进中必然出现文化大革命。文化是技术改造的基础。这就要求我们有一个很大的技术队伍,因此必须大办业余教育,其中包括文化与技术两类学校。总的情况是很好的,业余学校的出勤达 70%以上,各级党委贯彻了一手抓生产、一手抓教育的精神。通过文化教育培养了许多技术管理干部。一般单位层层有人负责教育工作,成立了教育机构,但工业全市尚有文盲 7 万人,主要是新增的工人,必须在年底以前摘掉文盲帽,加强巩固班学习。

少数干部对生产与教育结合有怀疑,存在右倾情绪;有的厂长、书记、主席不参加市委召开的书记会议,有的厂生产一忙就停课,陆定一同志说过我们社会主义企业负有二[两]重任务,既要生产新产品,还要培养社会主义新人。只问生产不顾学习这是见物不见人的表现。当前要大搞机械化,这就要加强文化学习,但目前发展不平衡。

对培养技术队伍必须加强,现在缺乏措施。半工半读还要恢复起来,没垮的继续坚持。有些厂没有专职教育干部,必须配备起来。

要立即掀起文化革命高潮,采取以下措施:

1. 扫盲任务要求今年冬和明春完成。经验证明这一任务可以高速化。春节前要扫除青壮年文盲 95%以上,200 文盲以上单位要达 70%,党委要加强检查。2. 今冬明春在扫盲基础上要普及小学教育。3. 90%以上的小学要升中学。4. 要搞大学和高学专科。各局研究。5. 教育经费应计划在预算之内。必要的设备应添置。6. 学习时间一定要保证,停课必须要报区委、市委。7. 15日,全市搞社会主义教育,文化课应结合进行。8. 半工半读应坚持下去,这类学校有它的前途。9. 技术教育要重视起来,目前技术干部人数少,水平低。必须组成大量的工人技术队伍。工厂领导干部必须在一、二年内达到初中水平,一般技术干部要在五年内达到工程师水平。四级工人初中水平的在四—八年提到工程师水平。各单位要搞措施,增加技术为主的学校。

教育工作领导必须政治挂帅,全党全民办结合。要搞远景规划。社会主义企业培养新人才是根本区别于资本主义三点。必须整顿机构,按中央规定办理 1 000 人以上的单位,必须有一专职书记和委员负责。以工会办校为主,团也负有重大任务。

工业部李部长谈到，我们入城时中央就提出“我们要归队了”，十年来，教育工作有很大成绩，我们必须要用阶级观点去对待职工教育工作。现代工农业和现代科学文化工业是相结合的，不以文化为基础。领导干部眼光应看的[得]长远些。我们应看到现在建设社会主义，将来建设共产主义，我们必须为共产主义培养人才。因此，必须加强对文化学习的领导。

王厂长：十一月份生产很紧张，原材料落实只有270多万。局下达计划是320万，我们测算350万，区委要求390万。

1—3日只完成34万8千多元，按局下达日产值12万5千(元)，我们测算14.8万，区委要求是16.2万，衡量只完成10.36万，胶鞋日产最高达24 000多双，胶布达9 000公尺，手套650双，胶掌350付[副]，沿气管400公斤，总产值为10.71万，这个数字不仅九个小时完不成，就是十小时也完不成，与区委要求差21 000元，较局差18 000元，较厂计划也完不成。每日必须有10 000公尺布生产甲壳质布，才能完成计划，但棉布供应目前无法解决。再生胶每日需用量是两吨多，但只能供应一吨多。

劳动力也很紧张，还要抽出50多人去挖河。困难虽大，但紧急动员起来是能够突破的。工人壁于的[比喻得]很对，困难是纸老虎，只要抓住关键，一突就破。

李书记：1. 下午学习停止改为晚上学四小时。全体干部分为上午、下午突击垒房子。2. 月底前应通过机械化，革新挖出50人。一车间15人，三车间15人，二车间15人〈，二车间15人〉。勤杂工再节约二人。苦干不算。把富裕的人充分调动起来。3. 在确保20日进入1960年的前提下，要进行苦战，20日前改12小时了，时间允许可以白班时间长，夜班短些，今天要发动群众。

王厂长：抽出五人跑材料；胶鞋日产改为三万双；乳胶做平带。

樊东智：少做鞋，多做胶带和平带。

陈大钊：在12小时工作时间期内，夜校暂停，待第二道防线实现后，恢复8小时工作和夜校。

## 党委会

日期：一九五九年十一月十三日

出席人：李书记、池中鳌、王建常、樊东智、李连贵、陈大钊、李志增、窦东

智、唐风[凤]仪、白春义、马德海

区委李书记讲：① 学习问题；② 生产问题。

① 总的精神，一般干部及工人通过学习加强教育提高思想，主要是加强领导方面的检查，我厂是科长以上的(问)题。

② 生产主要是技术表演看，搞机械化。

区委李书记讲八中全会到自 11 月 2 号，各厂都来做到一手抓生产，一手抓政治，但还有个别厂抓的[得]不够好，具体到某个厂情况看，搞出本厂提纲。

通过辩论掀起了运动的发展，一般认识模糊的也做了检查和自我批判，但还有个别，少数的还坚持他的错误言论，所以我们说这是两条道路的斗争，要求同志们还要继续努力。

有的人还有顾虑，发言中不积极，所以应向党交心，投入运动中去。

领导对这次学习从思想上要有足够的认识。有的领导干部不能带头鸣放。

通过学习达到四点：

① 保证党的总路线热情加速社会主义建设。

② 通过这次斗争来加强党的领导。

③ 通过辩论要树立起辩论的社会主义，历史唯物主义世界观及人生观。

为了更好做好这以下工作。

① 反右倾必须以整风精神来进行，主要搞党内不搞党外，并且把党内搞深搞透。

② 整风内容，主要是反右倾机会主义和内容是路上的斗争，也可能揭发其他问题，应把主要问题和一般问题区别开来。

③ 辨[辩]论方法应注意摆事实讲道理，帮助有错误的人要和风细雨帮助过关。

但要认清，如果于敌我问题，就不是帮助过头问题啦，注意冷、热问题。

运动起来注意抓两头。

④ 党外人士问题，一般采取进行思想教育，不要代[戴]帽子，叫他认识问题，把反右倾搞深搞透，主要辩论放在党内领导干部身上。

通过这次辩论精神上和实际工作中结合起来解决。

① 把反右倾进行到底,不获全胜决不收兵,所以要加强领导力量,时间可以□□。

领导干部要引火烧身上作检查。

② 深入大辩论,主要是党内和党内领导干部,特别加强开展领导集团的辩论,代[带]头引火烧身。自我检查,同时把职工辩论抓好,也是提高了自己,首先解决领导干部思想问题及一般干部的领导。

从领导集中到一般干部,主要辩论领导干部,一般干部问题认识错误就可以啦。

有些犯错误人,根据什么处理,是批判从严,处理从宽。

加强对骨干的训练,采取多种形式进行学习。方法,如参观人民公社展览馆等,从思想上粉碎右倾分子,从向党交心解决模糊意识。

党内外,领导与一般相结合,另外究竟先辩那[哪]个题,各厂根据情况自行决定。

(一) 必须以整风精神摆实事讲道理,来认识这个浮夸现象。

① 划清敌我和人民内部方法;

② 分清右倾思想和浮夸的右倾机会主义分子;

③ 鸣放中还是反对总路线还是积极贯彻呢?

④ 右倾思想与个人主义根源;

⑤ 辩论中要以理服从[人],防止打骂人;

⑥ 一手抓学习,一手抓生产;

⑦ 在重点人的要重点抓以后进行辩论。

⑧ 工人社会教育问题,区里试点(有几个厂)没有指定的就不动了。

(二) 生产问题。

11月上旬产值低于10月下旬70%。

① 中旬当中开展全区性的,自上而下、自下而上的提前跨过60年生产大检阅、大比武运动。主要检查谁的志气高谁的好□速度提前跨过60年问题,我们中旬从13—20日,采取大会汇报,成绩展览,自上而下、自下而上、车间与车间。

检查内容一个提(前)跨入60年产值根据情况,比共产主义□□,贯彻不□□□□比提前时间,通过这个活动我们要奖励问题。

我们通过中旬力争全□全月 75%，把精神贴大字报，更好的完成中旬计划。

今后工作意见：

李书记：关于学习问题，根据区里的学习提纲，多出些领导去辩论。

1. 主要以正面教育为主，通过学习提高认识，找些参考材料结合起来。

2. 组织参观，及向洪顺里参考，我们家也搞个小型的展览会。

3. 一般干部组织讨论，主要通过正面教育提高认识。

4. 领导干部学习党员都参加，主要是科长以上的领导干部，一般干部也搞，向骨干交心，同志们准备。

5. 搞鸣放也可以论题送礼，揭发都可以吧，我们送礼并不要看成是右倾机会主义分子。

目的〈是〉一个是保护党的总路线，及解决思想问题，领导干部的重点是科长以上的干部，大家也可以对厂长老池，我也可以想一想给提一提。

同志们好好考虑下一个是好好考虑个人及互相送礼，一般党员先领导，科长党员抽出来放，必要时划小组进行提，主要是右倾思想和右倾行动。

时间一般与群众在前一天，科长党员也可一起，也可分组，搞一天。

生产问题：13—20 日，搞个高产旬，要大干啦，把各个车间到 20 号完成全年计划的多少，也是 2 000 万的任务吧，如完成超过这年的多少，车间与小组各完成多少。

科室，原动也要安排一些人，看他完成几件什么事，叫完成全年计划啦，从机械化方面去考虑。

① 与一用赛跨 60 年(原文如此——编者)，明天对赛一起下去。

② 我们技术表演赛要持久下去。后边跟这一个表演经验进行推广。然后开展中学习推广赛，用几次比赛的方法把他决定下来，最后展开成套赛。

③ 把技术革新问题在[再]抓下，一车间切海棉[绵]。

2. 撕条问题。

3. 邱[打]包用条不拿部门。

三车间：① 刷底问题。

二车间：② 传送带；③ 电力打眼问题。

除抓重点外，还要发动群众。

陈：缝纫保管是否划量，二车间〈这〉对技术革命的大帮助。

池：① 生产方面，从当前情况看生产学习问题不少，局里给了任务，是 39 万贴出的，原来 25%，把争取便或保证了。

星期六是不是不休息啦，这在 20 号进入 60 年是不成的，如不就要 21 号进入 60 年，20 几号进入就 20 几号，休息要电业厂给电。

方法：① 先测算由上而下算，然后在毛下边算。② 发动群众也是贯彻了区委的指示了，决战 8 天进入 60 年，具体方法技术表演赛，这 8 个把它更突出一些，长短途对意结合，长途最小二个小组，短的一个小组，党员与部分结合。各方应做好一切准备。③ 我们决定 20—21 号提前进入 60 年，不放假不主要病还是没问题的。我们在进入 1960 年后，进行一次评比，及搞不好革命，一个是搞这个，一个是搞那个。所以给 1960 年开展竞赛的基础。④ 技术革命问题，我们当前声调不高，主要是群众声调不高，应好好发动群众，决战提前跨入 60 年的问题。

学习方面：

① 主要重点核心是领导和党内，因此我们鸣放一般是不少的；

群众学习时间适当缩短一下，领导干部□长下，同意星期六搞一天。

另外主要训练骨干，整风目的和要点向骨干交待[代]清楚。

右倾机会主义分子指的是党内，非党员教什么主要是右倾问题。

反右整风是党内整，但内外结合。

③ 听完林铁同志报告后，明确了问题交心，共产党员应该向党交心。

这星期六中层干部学习一天。

## 党 委 会

日期：一九五九年九月十七日

出席人：李树仁、池中鳌、樊东智、马德海、唐风[凤]仪、陈大钊、李连贵、窦宪素、刘锦忠

路玉安，批准 1959 年 7 月 17 日入党。

吴志文，家庭出身好，思想进步，批准 1959 年 9 月 17 日入党。

赵立忠，自小做工，家庭出身是贫农，群众关系好。

郑洪贵，同意 1959 年 9 月 17 日入党。

李少山，工作一贯积极，对入党没有要求，在大中华参加国民党，为什么没要(求)，主要是因为自己参加过国民党，整理材料报区批准。

魏娟均，转正问题，现在工作表现很好，别人摸不上情况来。

池：这个人的思想不坚定，我同意她转正，应通过转正再加以教育，接受长期，到期转正。

于爱建，开始到厂后不愿在这里干，愿意到段[锻]压去。

池：在一年留查中，没有犯错误，在一年内对处分有认识，就应撤销，转正材料报区。

董玉如，本人没有问题，但其养父据别人检举，在 1934 年参加一贯道，付[副]谭[坛]主，经调查没闹清。工作一贯积极，有俩[两]个小孩，也能参加政治活动，同意她入党，1959 年 9 月 17 日批准。

何宝林，家庭出身工人，本人成分工人，在日本部队当过几个月的工人。祖父当过保甲长。在国民党时想参加国民党，交过像[相]片但没有批准，暂不批，需了解。如果已谈了，需补充材料考虑。如果没有交待[代]，需闹清。

安云林，家庭出身工人，本人成分工人，他妹夫是中尉，1951 年被捕，改造一年。本人工作积极，一贯先进生产者。

文杰，在工作中很好，应了解一下思想问题，只为买□，还是怕影响不好。

李林仁，如果别的方面具备转正，不能为和回民结婚，停止预备期，最后讨(论)同意按延长期到期转正。

葛志强，批准入党。

高志仁，按延长期，到期转正。

日期：一九五九年十月九日

出席人：李林仁、樊东智、唐风[凤]仪、陈大钊、窦宪素、马德海、李连贵

会议内容：研究干部问题

李书记：弓国珍，由技术科又回到保卫科。

1. 白春义和李志增的关系问题。

2. 八届八中全会学习问题。

3. 张□□同志，10(月)超 9 月，比局下达计划增 10%。

1. 推广经验。2. 按旬组织。

## 党 委 会

日期：一九五九年十二月二十四日

出席人：李树仁、李志增、白春义、窦宪素、樊东智、池忠鳌、唐风[凤]仪、李连贵、陈大钊

列席人：朱思勋、李强和、韩耀明、刘锦忠

会议内容：研究突出月的问题。

抓紧 12 月份与下旬生产，做好明年生产准备，保证完成第二本账的任务。

要求各厂在完成一本账的一定要完成二本账，二本(账)完成一定要完成三本帐[账]，如果天津市完不成计划，这是从政治上交待[代]不下去。

为什么 12 月份生产降，分析以下五个原因：

① 准备学政治；② 照顾品种；③ 原材料困难；④ 劳动安排有问题；⑤ 有松劲情绪。

目前松劲情绪，苦战后短时修工是必要的，但松劲情绪□产生的自上而下松下来了。所以进行紧急动员，□□□□，提前三天完成 12 月计划超 15%。

要求是完成计划，部门应积极动员起来，每天计划做统一安排，召开□□□誓师比武大会。① 完成全年生产任务。② 做好明年准备。③ 成立指挥部门，抓当前技术革新。

突击问题由 12 月 24 号开始至月底清完，而要□□，指标以提前三天完成生产任务为主。突击问题要以整风的精神来进行，大中华完成计划 135—145 (270—290)。

李书记：从明年有 1/8，很人只是在(原文如此——编者)，但原料就成问题，所以我们订下来保证 270，力争 290。这个 26 号休息，有原料，有的部门可以□，传 270 订正来了。

池：当前紧要搞的问题：

职工代表问题 21 号召开，准备下星期一、二，闭会，把鸣放技术革新问题

掀起来。

① 各车间掌握□□□，计划方面统一转到计划科，□□□□也很□□。

② 鸣放强调高□□方面，鸣放统一转到技术科，然后□□结合会。

③ □广三化方面的机器，□□化，在车间问题解决，以自己□□□□车间的来厂级的转到厂级来，推广各车间的各车间，由各车间自行转。

总之把要掀起鸣放高潮，必要时可苦战下，会议达到领导大字报 1 000 张。

① 把明年计划订下来。② 生产必须汇总。③ 必须实现一项或者几项革新，28 号代表会闭不了，29 号一定闭会不能跨年。

另外区委提出今年 22(号)至明年(1 月)22 号，是一个竞赛月，与昨天(23 号)提出的突击问题没有矛盾，叫我们成立竞赛指挥部，我们意见成立下。人员：李书记、杨金和、樊东智、王建常、朱思勋、池中鳌、韩耀明。李书记、王厂长指挥。车间，3 人—5 人成立竞赛推动组，主要是搞竞赛推动月。

③ 区里要开展比武工作，任务还好一块，把明年原料不足，要解决一部分，5 亿原料通过数减解决问题，这是一项，咱们什么时候进行，方法主要是在本厂自己解决。

④ 给脱产的摘帽子，目前应上条的都上了，但出勤方面不甚好。

关于运动问题：

樊：自 12 月 25 日开始工间操，加强身体锻炼，为了使运动搞的[得]更好，增强职工体质，要组织集训，保证科支持。另外文艺会演，26 号晚上各车间出来 5 个人。

李科长：□□，抽调咱们工人 20 人，14 男的，6 个女的，必须有初中文化以上程度抽，年岁 30 左右。

樊：关于科委工作，要求千人以上厂设立二人，根据咱们情况可设 1—2 个人即可。这项工作咱们怎么办，具体应有专人抓此项工作。

唐：现在咱们气压大，谁，□起来不成问题，不过目前想□就是□科，只要派人去搞去。

白：保卫科最要抓的几项工作：① 年前搞十防运动。② 各区通过反右进行破案工作。③ 争取查破查派工作。

另外关于思想检查问题与十防工作结合起来进行，加强财会制度。

二车间提出关于打眼机的问题，是否也需要解决一下，电焊机应改电力。

李书记讲：职工代表会的问题，□同意池主席提的几项问题，还必须把：① 明年生产准备好。② 年前的储备工作。③ 把明年一月份生产储备好。④ 把生产安全上的措施准备好。⑤ 把人员进行调配，根据明年生产水平，革新 16 000，以生产安排劳动力。

我们厂有些临时工，到年底重新整定，除特殊情况以外。

关于人员调配，各车间也考虑下拿出多少人，看人事科是否编的[得]上，如编不上面[可]召开几个人共同研究。维修工作也做下准备。

30 号晚上，职工会闭后，来次全厂大收减工作，大搞卫生。

② (原文如此——编者)研究竞赛问题，明年开门红怎样进行？使每个职工心中都知道，明年室科竞赛时提什么？

主要是职工能把我们全年竞赛工作也做下准备，提出经验。

文化学习主要奖品：(2 万元)25 抽出□□学习文艺，体育也很支持。

保卫工作，目前大鸣放方式作用是否用些别的方式？

竞赛委员会人员同意老池同志意见，可设几个人。

最后，目前咱们干部□□□，我们必须在组织上适合形式，配备人员，另外写[协]调车间一些帮助的。

图书在版编目(CIP)数据

中国当代民间史料集刊. 7/ 华东师范大学中国当代史研究中心编. —上海：东方出版中心，2012.1(2025.3 重印)
ISBN 978-7-5473-0463-1

Ⅰ.①中… Ⅱ.①华… Ⅲ.①中国历史：现代史-史料 Ⅳ.①K270.6

中国版本图书馆 CIP 数据核字(2011)第 281468 号

中国当代民间史料集刊. 7

出版发行：东方出版中心
地　　址：上海市仙霞路 345 号
电　　话：021-62417400
邮政编码：200336
经　　销：全国新华书店
印　　刷：上海万卷印刷股份有限公司
开　　本：710×1020 毫米 1/16
字　　数：190 千
印　　张：12.5
插　　页：2
版　　次：2012 年 1 月第 1 版 2025 年 3 月第 2 次印刷
ISBN 978-7-5473-0463-1
定　　价：45.00 元